VIVÊNCIAS EM SALA DE AULA DOS ANOS INICIAIS EM TURMAS MULTISSÉRIE EM ESCOLA DA ZONA RURAL DE CACHOEIRA DO ARARI – MARAJÓ/PA

Editora Appris Ltda.
1.ª Edição - Copyright© 2025 do autor
Direitos de Edição Reservados à Editora Appris Ltda.

Nenhuma parte desta obra poderá ser utilizada indevidamente, sem estar de acordo com a Lei nº 9.610/98. Se incorreções forem encontradas, serão de exclusiva responsabilidade de seus organizadores. Foi realizado o Depósito Legal na Fundação Biblioteca Nacional, de acordo com as Leis nos 10.994, de 14/12/2004, e 12.192, de 14/01/2010.

Catalogação na Fonte
Elaborado por: Dayanne Leal Souza
Bibliotecária CRB 9/2162

A948v 2025	Avelar, Wellygton dos Santos Vivências em sala de aula dos anos iniciais em turmas multIssérie em escola da zona rural de Cachoeira do Arari – Marajó/PA / Wellygton dos Santos Avelar. – 1. ed. – Curitiba: Appris, 2025. 86 p. ; 21 cm. – (Geral). Inclui referências. ISBN 978-65-250-7256-2 1. Relato de experiências. 2. Anos iniciais. 3. Multissérie. 4. Educação do campo. I. Avelar, Wellygton dos Santos. II. Título. III. Série. CDD – 370.111

Livro de acordo com a normalização técnica da ABNT

Appris
editorial

Editora e Livraria Appris Ltda.
Av. Manoel Ribas, 2265 – Mercês
Curitiba/PR – CEP: 80810-002
Tel. (41) 3156 - 4731
www.editoraappris.com.br

Printed in Brazil
Impresso no Brasil

Wellygton dos Santos Avelar

VIVÊNCIAS EM SALA DE AULA DOS ANOS INICIAIS EM TURMAS MULTISSÉRIE EM ESCOLA DA ZONA RURAL DE CACHOEIRA DO ARARI – MARAJÓ/PA

Appris editora

Curitiba, PR
2025

FICHA TÉCNICA

EDITORIAL	Augusto Coelho Sara C. de Andrade Coelho

COMITÊ EDITORIAL

Ana El Achkar (Universo/RJ)
Andréa Barbosa Gouveia (UFPR)
Antonio Evangelista de Souza Netto (PUC-SP)
Belinda Cunha (UFPB)
Délton Winter de Carvalho (FMP)
Edson da Silva (UFVJM)
Eliete Correia dos Santos (UEPB)
Erineu Foerste (Ufes)
Fabiano Santos (UERJ-IESP)
Francinete Fernandes de Sousa (UEPB)
Francisco Carlos Duarte (PUCPR)
Francisco de Assis (Fiam-Faam-SP-Brasil)
Gláucia Figueiredo (UNIPAMPA/ UDELAR)
Jacques de Lima Ferreira (UNOESC)
Jean Carlos Gonçalves (UFPR)
José Wálter Nunes (UnB)
Junia de Vilhena (PUC-RIO)

Lucas Mesquita (UNILA)
Márcia Gonçalves (Unitau)
Maria Aparecida Barbosa (USP)
Maria Margarida de Andrade (Umack)
Marilda A. Behrens (PUCPR)
Marília Andrade Torales Campos (UFPR)
Marli Caetano
Patrícia L. Torres (PUCPR)
Paula Costa Mosca Macedo (UNIFESP)
Ramon Blanco (UNILA)
Roberta Ecleide Kelly (NEPE)
Roque Ismael da Costa Güllich (UFFS)
Sergio Gomes (UFRJ)
Tiago Gagliano Pinto Alberto (PUCPR)
Toni Reis (UP)
Valdomiro de Oliveira (UFPR)

SUPERVISORA EDITORIAL	Renata C. Lopes
PRODUÇÃO EDITORIAL	Sabrina Costa
REVISÃO	J. Vanderlei
DIAGRAMAÇÃO	Jhonny Alves dos Reis
CAPA	Danielle Paulino
REVISÃO DE PROVA	Bianca Pechiski

Feliz aquele que transfere o que sabe e aprende o que ensina.

(Cora Carolina)

AGRADECIMENTOS

A Deus, nosso Pai Criador, que me dá força para continuar firme, mesmo diante das dificuldades e lutas.

Aos meus pais que sempre me incentivaram a estudar, e fizeram-me entender que a educação é o caminho para que o pobre encontre o seu lugar na sociedade.

A você, caro leitor que pretende se dedicar ao mundo da docência e está cansado de procurar relatos, vídeos e conselhos que não te apontam realmente como é o trabalho do professor, que está com medo de trabalhar com crianças ou adolescentes.

PREFÁCIO

No caminhar desta obra vamos poder entender que os relatos de experiências são importantes para a construção da alfabetização científica que é a exposição do método. Trabalhar com classe multisseriada é uma maravilhosa aventura e eletrizante sensação de bem-estar emocional devido as conquistas e vitórias que o autor desta obra conquistou e obteve vitórias ao entrar em uma sala de aula do campo onde se deparou com situações que precisavam de soluções para melhorar condições educacionais em muitos níveis.

O autor desta obra, iniciante como professor em formação, apesar de já estar graduado, mas sempre estará em formação, está buscando continuamente suas melhorias acadêmicas em instituições de ensino superior. Os professores do Iemci- Ufpa esperam que este jovem prossiga seus estudos em pós-graduação. Nesta obra, o referido professor continuamente em formação, encontra situações escolares que colocam o mesmo além das aulas, planejando, organizando e coordenando as atividades da escola. Sempre existe a busca em observar, analisar e pesquisar inquietações sobre a escola como problemas enfrentados.

O autor da presente obra viveu no meio rural do município de Cachoeira do Arari as circunstâncias em ser professor iniciante nas turmas dos anos iniciais e nas turmas multisseriadas. Foi constatado que a educação no campo sofre com deficiência de investimento em políticas públicas, possuído assim, uma negligente ação do poder público para a sua melhora. O autor desta obra viveu experiências educacionais difíceis e buscou pensar em melhorias para dar solução em diversas questões que serão apresentadas ao longo da obra. Esta, por sua vez, ganha uma característica de relato das experiências vividas com a inquietação e incômodos adquiridos devido a observação descritiva do campo de pesquisa, a escola da Vila Japuíra.

As atividades concentradas na **Escola Municipal de Ensino Fundamental de "Paulo"** trouxeram muitas informações para o crescimento pessoal e profissional do autor desta obra. Nesta escola o autor conviveu com professores e professoras, alunos e alunas, pessoal de apoio e da área administrativa. Nesta realidade escolar o autor faz sua investigação bibliográfica e estudo de caso, onde pode perceber que o professor iniciante, ao entrar em uma escola para lecionar, ele estudará juntos com os alunos.

O ensino multisseriado é o foco na educação do campo, que é uma alternativa de atendimento às populações do meio rural. O autor presenciou falta de mão de obra qualificada, construções inadequadas, alunos com deficiência constante nos estudos e condições precárias de saúde. A falta de transporte para a escola é real nessas localidades rurais. Ainda temos muita negligência com a educação no campo.

A vivência em sala de aula mostrou que ainda estamos em situações de atraso nos estudos e conteúdos escolares, colocando nossos alunos do meio rural em posições de baixas de nível educacional. O autor, já extremamente inquieto, precisava agir para dar bom exemplo. O autor desta obra passou a colaborar e apoiar as atividades escolares vivendo junto o dia a dia da escola com professores, alunos e a coordenação. Trabalhou em sala de aula, em modo de estágio e monitoria, aprendeu a rotina escolar, vivenciou os anos iniciais e a turma multisseriada. Esteve à frente de sua própria turma como regente da sala e aplicou seu aprendizado que conseguiu na Universidade Federal do Pará.

A vivência foi avançando e o autor desta obra acompanhou eventos escolares, datas importantes e questões pedagógicas junto com administrativas. Ressalto que o professor iniciante está sempre em formação e vai alcançar patamares maiores de pós-graduação e profissionalismo, porém, até o último dia de sua vida neste plano terreno ainda vai estará em formação. Amém!

Luiz Marcelo de Lima Pinheiro
Possui graduação em Ciências Biológicas Modalidade Bacharelado pela Universidade Federal do Pará (1997), graduação em Ciências Biológicas Modalidade Licenciatura pela Universidade Federal do Pará (2002), mestrado em Genética e Biologia Molecular pela Universidade Federal do Pará (2003) e doutorado em Biologia de Agentes Infecciosos e Parasitários pela Universidade Federal do Pará (2009). Atualmente é Professor Associado 1 lotado na Ufpa / Iemci / Femci

SUMÁRIO

1
INTRODUÇÃO..17
1.1 O QUE É SER UM PROFESSOR DO CAMPO?..............................19

2
OBJETIVOS...21
2.1 OBJETIVO GERAL..21
2.2 OBJETIVO ESPECÍFICO..21

3
MÉTODO DESCRITIVO...23
3.1 O QUE É PESQUISA DESCRITIVA?..23
3.2 COMO FAZER UMA PESQUISA DESCRITIVA?........................23
3.3 ETAPAS DO MÉTODO DESCRITIVO..25
3.4 APLICABILIDADE DO MÉTODO DESCRITIVO......................25
3.5 CAMPO DE PESQUISA: A VILA DE JAPUÍRA............................25
3.6 A ESCOLA...29
3.7 CONSELHO ESCOLAR...33
3.8 OS ALUNOS..35
3.9 ETAPAS DA PESQUISA...36

4
PERCUSSOR DA PESQUISA..39
4.1 EDUCAÇÃO DO CAMPO..39
4.2 ENSINO MULTISSERIADO..42

5
VIVÊNCIAS EM SALA DE AULA..45
5.1 ALUNOS E EU..49
5.2 PRIMEIRO DIA, A SÓS COM A TURMA....................................50

5.3 AS AVALIAÇÕES 52

5.4 DIA DAS MÃES 53

5.5 REUNIÃO COM OS PAIS 54

5.6 DIA DAS CRIANÇAS 56

5.7 FESTAS JUNINAS 56

5.8 7 DE SETEMBRO 56

5.9 NATAL 62

5.10 ANO DE 2020: E O DESAFIO DAS AULAS REMOTAS
NA PANDEMIA 65

5.11 O ANO DE 2021 66

5.12 AS ELABORAÇÕES DAS ATIVIDADES 66

5.13 TRABALHO EXTRACLASSE 68

5.14 ENSINO E APRENDIZAGENS NA PANDEMIA 73

5.15 AS AULAS 75

6
ÚLTIMAS PALAVRAS 79

REFERÊNCIAS 83

1

INTRODUÇÃO

"Na abordagem Vygotsky, o homem é visto como alguém que transforma e é transformado nas relações que acontecem numa determinada cultura" (NEVES e DAMINIANI, 2006). Neste sentido, esta obra buscou relatar as vivências com alunos do 1º ao 5º ano do Ensino Fundamental, em turmas multisséries em uma escola, na zona rural da Cidade de Cachoeira do Arari, Marajó, Pará. Entendendo que os relatos de experiências, tornam-se necessários, pois na formação configura-se como investigação, quando estimula a produção de conhecimento, por meio das experiências vividas dos sujeitos, bem como é também estudo, porque possibilita o autor refletir sobre a teoria e a prática em sala de aula. Assumindo os papéis de ator e investigador de sua própria história (SOUZA, 2006).

Assim, visando relatar o desafio que o professor iniciante encontra nas salas de multissérie e, por intermédio de pesquisa bibliográfica como (HAGE *et al.*, 2008), é possível perceber que as classes multisseriadas ainda se encontram presente na educação do campo, por motivos diversos, fazendo com que o professor formado para o trabalho de modo interdisciplinar com alunos de classe seriada. Ao entrar em uma sala de aula do campo, se depara com situações como: turmas organizadas sob diversas configurações, funcionando em espaços inadequados e sem o devido suporte para que o professor exerça um trabalho louvável (BARBOSA E MEIRELES, 2021), além de diversos obstáculos que envolvem a participação familiar e a acessibilidade dos discentes.

Nesse viés, a fim de relatar não só as dificuldades que encontrei como professor iniciante, mas também fazer uma reflexão acerca do trabalho desenvolvido, a pesquisa divide-se em: fazer um breve levantamento sobre: o que é educação do campo? Concomitantemente[1] falarei de ensino multisseriado, em seguidas apresentarei a vocês os objetivos que levaram ao desenvolvimento desta obra que são: apontar as dificuldades que o professor iniciante encontra nas turmas dos anos iniciais na zona rural do Município de Cachoeira do Arari. Refletir sobre os aprendizados vivenciadas pelo autor do trabalho, e a partir de conhecimentos teóricos metodológicos, aliadas às minhas práticas em sala de aula.

Seguindo, falarei da obra relatando as minhas experiências, primeiro como auxiliar de classe em turmas dos 3º, 4º e 5º ano em 2019, seguindo em 2020, e 2021, assumo em meio à pandemia e já funcionando com o ensino remoto uma turma do 1º, 2º e 3º ano e em 2022 continuo dividindo-me entre ser professor titular e estágios obrigatórios.

Assim, relatando o trabalho que o professor iniciante encontra que vão muito além de ministrar aula, contribuindo na coordenação da escola, e participando de diversos trabalhos que por vezes não são ensinados nas universidades, mas que fazem parte da rotina do docente. A pesquisa configura-se como descritiva, cuja abordagem é qualitativa, utilizando como instrumentos de coleta, a observação participante, em que por meio das vivências, em sala de aula, buscou-se observar como ocorre o trabalho em turmas multisseriadas, assim, de modo natural, e de maneira individual, que "é a técnica de observação realizada por um pesquisador" (MARCONI e LAKATOS, 2003, p. 194).

Busquei observar, analisar e pesquisar mais a fundo, para chegar à indagação: como se dá esse trabalho? Quais são as dificuldades que o professor iniciante enfrenta em turmas multisseriadas dos anos iniciais?

Para transcrição e desenvolvimento da redação usei os relatórios das atividades desenvolvidas, a observação participante

---

[1] Significa que algo acontece ao mesmo tempo que outra coisa, ou seja, é simultâneo. Por exemplo, "o uso concomitante de vários medicamentos".

durante os estágios de docências, e as observações durante o desenvolvimento das atividades como auxiliar de classe.

Dessa forma, apresento as reflexões acerca dos trabalhos desenvolvidos durante aquele período. Darsie (1999) destaca que, na teoria construtivista de Piaget, o sujeito constrói ativamente o conhecimento por meio da interação com o meio físico e social. Essa interação é fundamental para o desenvolvimento cognitivo, pois promove a assimilação e a acomodação de novas informações aos esquemas mentais prévios. Assim, segundo Darsie (1999): "Toda prática educativa traz em si uma teoria do conhecimento. Esta é uma afirmação incontestável e mais incontestável ainda quando referida à prática educativa escolar".

1.1 O QUE É SER UM PROFESSOR DO CAMPO?

A presente obra tenta mostrar a vivência de um professor iniciante, em turmas dos anos iniciais, e assim relatar as dificuldades e desafios enfrentadas ao lecionar na zona rural da cidade de Cachoeira do Arari – Ilha do Marajó – pois é de suma importância falar de educação, mas para isso precisa-se viver a realidade para assim ter consciência do que se passa nas salas de aulas da educação do campo e ribeirinhas (BARBOSA e MEIRELES, 2021). Os modos de trabalho e o desenvolvimento das atividades nestes espaços tornam-se particulares, pois na realidade multisseriada, há uma deficiência de investimento em políticas públicas educacionais do estado, para garantir a efetividade do direito à educação de qualidade do povo do campo, que necessita dessa assistência onde se configura como a única alternativa de acesso à escolarização.

Para isso, esta obra debruça-se sobre relato de experiências vivenciadas, assim apresento a vocês situações que não necessariamente são exclusivas das escolas do interior de Cachoeira do Arari, pois, percebe-se que a Educação do Campo apresenta dificuldades comuns que precisam ser relatadas, e ouvidas pelos órgãos competentes em promover as políticas públicas a exemplo do que relata Barbosa e Meireles (2021) quando descreve que é possível encontrar nas classes multisseriadas diferentes "acomodações" como: "primeiro, segundo e terceiro anos; terceiro, quarto e quinto anos; segundo, quarto e quinto anos; primeiro, terceiro e quarto anos; quarto e quinto anos", diversas acomodações que a multissérie engloba.

Diante desta acomodação, surge como questão a ideia de relatar as dificuldades que o professor iniciante encontra nas turmas dos anos iniciais na zona rural de Cachoeira do Arari. Dificuldades que vão desde as turmas multisseriadas, até descrebilidade enfrentadas por parte da equipe escolar (SOUZA, 2016, p. 12):

> Entretanto, não basta apenas ter prática com a docência, é necessário refletir sobre o que foi experimentado e com isso chegar a conclusões e metas futuras, pois nós mudamos a partir de nossas reflexões sobre a prática e com isso atingimos a experiência. A reflexão também ajuda ao universitário a constatar sua identificação com o curso e com a profissão de professor.

Nas palavras de Sousa (2016), é possível constatar que é de suma importância ter contato com as escolas, seja através de estágios, ou trabalhando como auxiliar, de forma que tenhamos acesso à nossa profissão desde cedo para sabermos como será nossa alçada do futuro e em quais meios atuaremos.

Por isso se faz necessário estudarmos e buscarmos relatos de vivências de outros profissionais que atuam ou já atuaram no meio que queremos nos profissionalizar, não somente para buscar saber como trabalhar, mas para entender as reivindicações que atualmente estão clamando. O que deu certo, o que precisa ser melhorado e entender um pouco sobre este trabalho, e assim refletirmos sobre as dificuldades e aprendizados que surgem nos interiores das salas de aula do nosso Brasil.

OBJETIVOS

2.1 OBJETIVO GERAL

- Relatar quais os problemas o professor iniciante encontrou nas turmas dos anos iniciais no Município de Cachoeira do Arari.

2.2 OBJETIVO ESPECÍFICO

- Relatar a importância do contato com o ambiente escolar para o professor em formação dos anos iniciais.

- Apontar as dificuldades que o professor iniciante encontrou nas turmas dos anos iniciais na zona rural do Município de Cachoeira do Arari.

- Refletir sobre os aprendizados vivenciadas pelo autor do trabalho, a partir de conhecimentos teóricos metodológicos, aliadas às suas práticas em sala de aula.

MÉTODO DESCRITIVO

Para elaborarmos uma pesquisa, primeiramente temos que decidir algumas etapas que nos auxiliarão durante todo o estudo, uma dessas etapas é decidir qual o método da pesquisa que iremos utilizar. Já que decidimos trabalhar um relato de experiência, o método descritivo foi escolhido para nos acompanhar durante o estudo, pois como descreveu Gil (2002), "as pesquisas descritivas têm como objetivo primordial a descrição das características de determinada população ou fenômeno ou, então, o estabelecimento de relações entre variáveis", Vieira (2010) diz que a pesquisa descritiva, "como o próprio nome diz, preocupa-se com a descrição dos fatos ou dos fenômenos."

3.1 O QUE É PESQUISA DESCRITIVA?

Para Gil (2002, p. 114) ainda ressalta que são inúmeros os estudos que podem ser utilizados com essa característica, mas os trabalhos que se dispõe a utilização de técnicas padronizadas de coleta de dados, tais como o questionário e a observação sistemática, são os que mais se enquadram neste tipo de pesquisa. Já Vieira (2010 p. 48), salienta que podemos tomar como pesquisa descritiva os estudos que constatam as relações entre as variáveis no nível de observação. Assim, essas relações em outro momento podem ser aprofundadas a ponto de se testar hipótese.

3.2 COMO FAZER UMA PESQUISA DESCRITIVA?

Segundo Vieira (2010 p. 49), desde que o pesquisador se contente e apresente respostas que não se comprometam com os "porquês", praticará a pesquisa descritiva. Já para Gil (2002 p. 42) "entre as pesquisas descritivas, salientam-se aquelas que têm por objetivo estudar as características de um grupo: sua distribuição por idade, sexo, procedência, nível de escolaridade, estado de saúde física e mental etc."

Conforme Gil (2002) e Vieira (2010), existem várias maneiras de elaborarmos a pesquisa descritiva, entre essas várias opções podem citar a entrevista, os questionários, a observação partici-pante que é a que tratamos nesse documento, que se desenvolve através da observação, de como ocorre o trabalho de um professor iniciante em turmas dos anos iniciais. Segundo (Gil, 2002 p. 42), "algumas pesquisas descritivas vão além da simples identificação da existência de relações entre variáveis, e pretendem determinar a natureza dessa relação".

Com isso buscou-se de maneira natural, que segundo Mar-coni e Lakatos (2003), se dá quando o investigador pertence à mesma comunidade ou grupo pesquisado, nesse sentido o autor como participante e natural da comunidade, através da inquieta-ção enquanto trabalhador, estagiário e futuro profissional da área buscou pesquisar analisar e narrar como ocorre o trabalho de um professor iniciante em turmas multisséries dos anos iniciais na **Escola Municipal de Ensino Fundamental de "Paulo"**.

Esse fato se deu pela observação individual, que é a técnica de pesquisa que acontece quando um único investigador realiza o trabalho de levantamento de dados, se por um lado Marconi e Lakatos (2003, p. 194) afirmam que pode haver inferências ou distorções, pela limitada possibilidade de controles, por outro lado, os mesmos pesquisadores concordam, que esse método "pode intensificar a objetividade de suas informações", quando indica de maneira eficaz quais são os momentos reais e quais são as interpretações.

Além disso, a observação ocorreu diretamente no local onde a pesquisa foi desenvolvida que segundo Marconi e Lakatos (2003, p. 194), o chamaram de observação na "vida real", que para os autores "a melhor ocasião para o registro é o local onde o evento ocorre. Isto reduz as tendências seletivas e a deturpação na reevocação".

3.3 ETAPAS DO MÉTODO DESCRITIVO

Segundo Vieira (2010 p. 51) "A formatação mais adequada, em termos de metodologia, é o levantamento e tabulação de dados coletados por questionários, entrevistas, estudos de caso e saídas a campo". Partindo desse princípio, todo material coletado passa a ser usado como banco de dados para estudos, e através deste em um segundo momento passam a ser transcrito, depois analisados, para detectar padrões de comportamentos ou relações entre as variáveis para assim levantarmos hipóteses.

3.4 APLICABILIDADE DO MÉTODO DESCRITIVO

O método descritivo pode ser utilizado e aplicado em diversas pesquisas como: no dia a dia das escolas, também "é possível realizar uma pesquisa sobre o comportamento social dos estudantes" (VIEIRA, 2010), já Gil (2002) enfatiza que "os pesquisadores sociais preocupados com a atuação prática", são os que mais utilizam dos métodos descritivos. Podemos citar também os institutos sociais, partidos políticos e instituições comerciais etc.

3.5 CAMPO DE PESQUISA: A VILA DE JAPUÍRA

O arquipélago do Marajó situa-se no extremo norte do Estado do Pará, apresenta como limites: ao norte o Estado do Amapá e o Oceano Atlântico; ao Sul o rio Pará, a Leste a Baia do Marajó; e a oeste o Estado do Amapá com uma área total de 59.308,40km² correspondendo cerca de 4,7% da área do Estado, LIMA *et al.* (2005 p. 3). É a maior ilha fluviomarítima (cercada por rio e mar) do mundo, tendo dezesseis municípios que compõem a região sendo: Afuá, Anajás, Bagre, Breves, Cachoeira do Arari, Chaves, Curralinho, Gurupá, Melgaço, Muaná, Ponta de Pedras, Portel, Salvaterra, Santa

Cruz do Arari, São Sebastião da Boa Vista e Soure (SECRETARIA DE TURÍSMO DO ESTADO DO PARÁ, 2016, p. 1).

Figura 1 – Mapa do Marajó

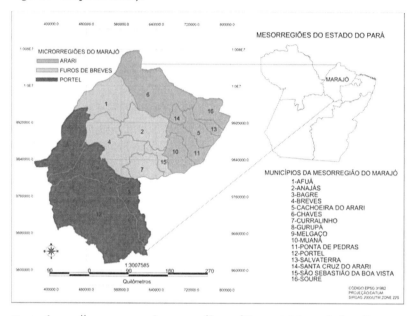

Fonte: https://www.researchgate.net/figure/Figura-1-Mapa-de-localizacao-dos-municipios-Arquipelago-do-Marajo-estado-do-Para_fig1_311103574

Cachoeira do Arari é um município da Ilha do Marajó, leva o nome de um dos rios mais importantes da região, Arari é o nome dado a um cipó da família das leguminosas papilionáceas. É encontrado nas margens dos rios. Dá flores grandes, cor de fogo. Arari é também o nome de uma ave, conhecida igualmente por arara-canindé. Tem plumagem de cor azul, amarelada no ventre. Chega a medir até um metro de comprimento, tem vários riscos pretos em volta dos olhos. A etimologia do nome seria *arara-i*, quer dizer arara pequena. Sendo que o sufixo tem também o sentido de água, rio, assim Arari pode também significar *Rio das Araras*. O nome do município teve origem de um declive existente no leito do Rio Arari, em frente ao local onde hoje está situada a cidade e que, no verão, provoca uma precipitação de água, como se fosse uma cachoeira.

Foi criada com a denominação de Nossa Senhora da Conceição da Cachoeira, fundada em 1747. Localiza-se a uma latitude 01º00'41" sul e a uma longitude 48º57'48" oeste, estando a uma altitude de 20 metros. Sua população estimada em 2010 era de 20.443 habitantes. Possui uma área de 3116,399 km². A economia da região se baseia na criação do gado bubalino, além da pesca artesanal e da venda de peixes e mariscos. Pela paisagem, o município pertence ao Marajó dos Campos, a leste, na parte mais elevada da ilha, assim como Ponta de Pedras, Salvaterra, Muaná, Santa Cruz do Arari e Soure. Por estarem numa faixa de 4 a 7 metros acima do nível do mar, alguns espaços desses municípios ficam submersos em parte do ano, por conta das cheias do rio Amazonas.

Cachoeira abriga o Museu do Marajó, criado em 1972, pelo padre italiano naturalizado brasileiro Giovanni Gallo, foi nesta cidade que residiu o escritor brasileiro Dalcídio Jurandir, estudioso que compreendeu a dinâmica das águas e absorveu em sua escrita às formas de viver do homem marajoara.

Dentre os vinte e um aglomerados populacionais que o município abriga, destacamos a *Vila de Japuíra*, campo de estudo para esta pesquisa. Japuíra é uma comunidade com aproximadamente 330 moradores, ela se divide em duas áreas sendo elas, área ribeirinha (várzea) com aproximadamente 100 moradores e área de terra firma (campo) com aproximadamente 230 moradores, localizada na zona rural da cidade de Cachoeira do Arari, os moradores vivem da pesca artesanal, do cultivo da terra "roça" (pequenas plantações) de mandioca, macaxeira, e derivados como: farinha, tapioca, tucupi etc. E do extrativismo de frutas que são sazonais como bacuri, piquiá, bacaba, pupunha, cupuaçu e o açaí. Sobrevivem também da pecuária, pequenas criações de búfalos, galinhas, porcos e patos.

História de Japuíra

A comunidade de Japuíra, logo no começo era denominada de Santa Luzia, e tinha apenas uma família descendente de indígena e remanescente quilombola. Com o passar dos tempos a dita família que morava as margens do rio Urubuquara adentrou a mata e fixaram-se as suas moradias em um teso o qual denominaram de São Miguel; pois diz a lenda que um dos descendentes da família se chamava de Miguel e ele tinha o hábito de caçar a noite. Em uma de lua cheia, Miguel saiu para fazer varrida (caçar a noite), sumiu e nunca mais apareceu, assim os seus familiares tristes resolveram nomear o local onde Miguel sumiu de São Miguel.

Com o passar dos tempos, os filhos da família se separaram e alguns fixaram moradia as margens do rio Urubuquara e outros se assentaram mais adentro da mata. No princípio eles sobreviviam de pesca, do cultivo e colheita de frutas nativas como bacuri, cupuaçu, piquiá, jaca, tucumã, manga, ingá, anajá, mandioca etc. As famílias que adentraram a mata denominaram a nova moradia de Japuíra, pois quando eles iam colher as frutas nativas para a suas alimentações, observavam que um pássaro sempre estava presente nos galhos das árvores, o qual apresentava-se com cores atraentes nos tons de: preto, branco e vermelho de nome JAPU – que seria um pássaro encontrado facilmente em nossa localidade.

Figura 2 – Vila de Japuíra, imagem de Satélite

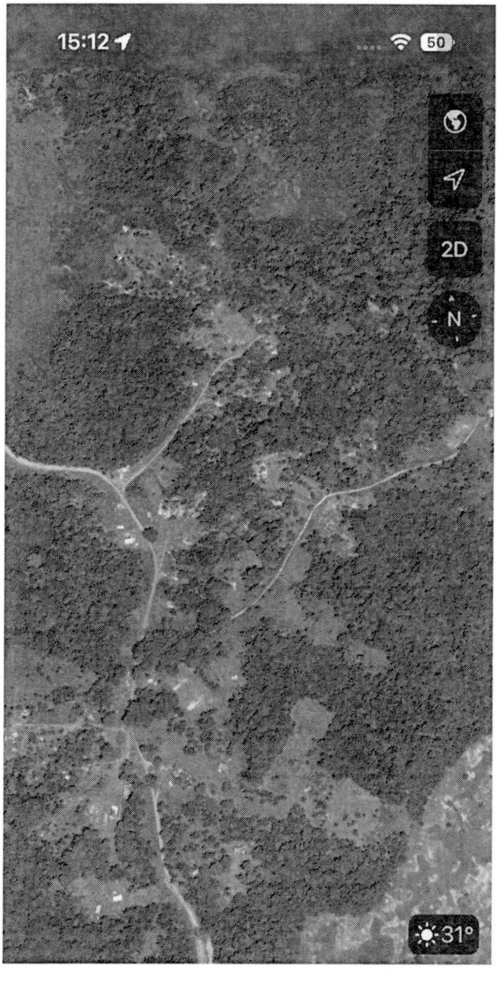

Fonte: Google Maps

3.6 A ESCOLA

A pesquisa foi realizada na escola de nome fictício **Escola Municipal de Ensino Fundamental de "Paulo",** a qual foi substituído o nome para preservar a privacidade da instituição. A escola foi fundada no ano de 1950, na gestão do senhor Guilherme Costa, em convênio com a Secretaria Municipal de Educação (SEMED) com o objetivo inicial de formar apenas os alunos da "1º a 4º serie" (1º ao 5º Ano) que residiam na comunidade, anos depois passou a atender também alunos de comunidades vizinhas.

No ano de 2010 a escola foi reformada e reinaugurada no dia 02/09/2011, na gestão do senhor prefeito Jaime da Silva Barbosa.

Atualmente o prédio tem uma estrutura de alvenaria, e é composta por duas salas de aula, cada uma tem três quadros brancos que ficam dispostos um para cada série, ficando um ao fundo, outro na lateral e outro na parede da entrada, os três têm essa organização em decorrência da escola sempre atender turmas multisseriadas. Além de que, apresenta ainda, um corredor, dois banheiros (um masculino e outro feminino). Tem uma pequena sala dividida ao meio denominada de cozinha, na parte da frente fica um freezer, uma pia e um pequeno balcão em uma janela onde é servido os lanches para os alunos.

Ao fundo fica um armário e o fogão onde é feito o lanche para os discentes, a porta de entrada e saída desta cozinha fica de frente para outra sala também dividida ao meio onde é denominada de secretaria, lá fica armazenado os livros didáticos, livros de leitura, diários, apostilas e outros documentos da instituição e no compartimento ao fundo; tem um armário onde ficam guardados os materiais como: E.V.A, cartolina, folhas de isopor, lápis de cor, apagador, tinta para pincel, canetas, papel crepom, cola branca, cola de isopor, TekBond[2], jogos educativos, estandartes, bandeiras, TNT, materiais de festas comemorativas e materiais esportivos. O quintal é cercado de madeira e arame farpado, tendo uma única entrada de acesso.

O terreno restante é pequeno tendo apenas 1,5 metro de distância do corredor de acesso à escola, ao lado direito tem um espaço maior que é destinado à espera de uma construção de uma nova sala para a melhoria de ensino, nesse mesmo espaço os

---

[2] Adesivo Instantâneo.

funcionários plantaram macaxeira que serve para complementar na merenda escolar. Ao fundo do quintal tem uma caixa d'água de 2.000 litros e um poço artesiano próprio.

Devido à extensão entre as comunidades serem muito distantes, a Secretaria de Educação divide as escolas em polos, agrupando comunidades próximas e juntando com uma escola sede, para facilitar a supervisão escolar, assim, a SEMED contrata uma Coordenadora Pedagógica e uma Coordenadora Administrativa, as quais ficam responsáveis por atender e supervisionar todas as escolas que compõem esse grupo, cada grupo contém de cinco ou mais escolas.

A Escola de "Paulo" faz parte do núcleo (Polo Chipaiá) sob responsabilidade das Coordenadoras Administrativa e Pedagógica, formadas no curso de licenciatura plena em Pedagogia. A profissional visita as escolas semanalmente para fazer o acompanhamento dos trabalhos desenvolvidos no âmbito escolar.

No atual momento contém oito funcionários, os quais serão identificados pelas iniciais de seus respectivos nomes, sendo, três professores, dois serventes (cozinheiras e zeladoras), dois vigias e um rabeteiro[3] (este último responsável pelo transporte dos alunos da área ribeirinha até a escola). O horário de funcionamento é de dois turnos, sendo eles: manhã e tarde, com um total de dez turmas, sendo elas infantil I, II, III e 1º, 2º, 3º, 4º, 5º, 6º e 7º ano. Com total de 90 alunos, tendo como coordenadora pedagógica E.S.

Existem dois serventes na escola que são responsáveis pela limpeza do prédio e fazer a merenda, são as únicas funcionárias concursadas da instituição. A primeira também é responsável pela instituição, cabendo-lhe o papel de vice gestora, porque é responsável por organizar reuniões com pais e professores, cuida da administração da escola, recolhe a assinatura do livro de ponto dos funcionários e articula as matrículas do ano letivo.

---

[3] Pessoa que opera tipo de barco pequeno, com motor traseiro, próprio para navegação em águas rasas.

Existem dois vigias, os quais se revezam ao longo da semana. Compõem ainda o quadro de funcionário da escola, um contratado responsável pelo transporte dos alunos do "rio" (alunos que moram na área ribeirinha). Os professores são: graduados em pedagogia e especialista em psicopedagogia, educação especial e inclusiva, docência e gestão no ensino superior; responsável pelas turmas do 4º e 5º ano.

A outra professora é graduando em pedagogia, responsável pelas turmas do infantil I, II e III.

O outro professor possui habilitação em: licenciatura integrada em ciências, matemática e linguagens.

Segue a imagem do prédio da instituição

Figura 3 – Escola de "Paulo"

Fonte: acervo pessoal (2021)

Figura 4 – Imagens internas da escola de Japuíra

Fonte: acervo pessoal (2021)

3.7 CONSELHO ESCOLAR

A instituição ainda apresenta um conselho escolar que é composto por funcionários da escola, representante da comunidade e pais de alunos sendo descrito a seguir.

> **Art. 1°** o presente regimento dispõe sobre o **CONSELHO ESCOLAR** da Escola Municipal de Ensino Fundamental de "**Paulo**", com sede em CACHOEIRA DO ARARI, estado do Pará, situada na localidade de Japuíra, zona rural s/n, jurisdição na área do Município de Cachoeira do Arari com duração e prazo determinado, reger-se-á pelo presente regimento e pelos dispositivos legais que lhe forem aplicáveis.
>
> **Capítulo II**
>
> **Da natureza e dos fins**
>
> Art.2°. O Conselho Escolar é um órgão colegiado de natureza deliberativa, consultiva e fiscal, não

tendo caráter político-partidário, religioso, racial e sem fins lucrativos, não sendo remunerados seus dirigentes ou conselheiros.

Art.3º. O Conselho Escolar tem por finalidade efetivar a gestão escolar, na forma de colegiado, promovendo a articulação entre os seguimentos da comunidade escolar e os setores da escola, orientando, dirigindo e contribuindo com os trabalhos, ações e esforços da comunidade escolar para garantir a melhoria da oferta na qualidade do ensino. (Certidão de registro do documento do conselho escolar no mandato de 2019/2021).

Segue abaixo fotos das principais páginas do documento que regulariza o funcionamento do conselho escolar no mandato de 2019/2021, dos membros do conselho e da certidão do registro em título e documento.

Figura 5 – Documento do Conselho Escolar

Fonte: acervo pessoal (2022)

"Com o Conselho Escolar, a gestão da escola passa a ser uma gestão colegiada, onde os segmentos escolares e a comunidade local se congregam para juntos, construírem uma educação de qualidade e socialmente relevante" (BRASIL, 2006). Assim, uma das principais ações que deveria ser executados pelos membros deste conselho, seria acompanhar o desenvolvimento da prática educativa dentro da escola, deste modo articular junto à escola e comunidade, meios para que a educação aplicada nesta instituição seja exercida com qualidade, no entanto, na prática o que acontece não condiz com a teoria.

3.8 OS ALUNOS

Os alunos da escola são todos de classe média baixa, filhos de pescadores e agricultores. Existem alunos da área da terra firme que moram nas proximidades da escola e outros que moram nas áreas de várzeas, os quais precisam fazer o deslocamento até a escola de rabeta (transporte aquático de pequeno porte com motor de poupa). Esses alunos são os que apresentam maiores dificuldades e desinteresse com os estudos, pois precisam fazer um percurso grande para chegar até o prédio escolar. Para tanto, aproximadamente 60% dos alunos dependem desse transporte. Eles saem de suas casas 6h da manhã, pegam a rabeta fazem o trajeto de 30 minutos até chegar ao porto, e andam cerca de 1,5 km por estrada de terra até chegar à escola.

Em função do difícil acesso, muitos alunos chegam cansados, com sono, muitos não conseguem nem fazer a higiene pessoal antes de ir à escola. Esses discentes têm uma rotina pesada principalmente no período do chamado verão Amazônico que compreende os meses de agosto, setembro, outubro e novembro, que é o período das vendas do açaí, quando o número de evasão escolar aumenta em decorrência de os alunos, principalmente os que moram nas áreas de várzeas, abandonarem os estudos para ajudar seus pais a fazerem a colheita do açaí nos matos.

Nesse sentido, a evasão escolar é muito grande na nossa comunidade, sempre perdemos alunos cedo para a pesca, por sermos uma comunidade pequena, onde não temos muitas opções de sobrevivência, os alunos no inverno trocam a escola pela pesca, essa pesca acontece em pequenas embarcações nos entornos da baía do Marajó, e no verão eles trocam a venda de peixe pelas rasas de açaí (uma medida na qual é vendido o açaí), deixando o caderno e o banco da escola de lado.

3.9 ETAPAS DA PESQUISA

A pesquisa divide-se (I) pesquisa bibliográfica, acerca da realidade do ensino do campo, fazendo um breve levantamento sobre educação do campo e a turma multissérie, que é o modelo de ensino que persiste nas maiorias das escolas da zona rural do Brasil, (II) apresentamos uma pesquisa autobibliográfica, que também pode ser entendida como um estudo de caso, em que o autor da obra relata suas vivências, nos anos iniciais.

A descrição das atividades discorre sobre as vivências que se divide em (I) **auxiliar de classe** em uma turma com 35 alunos divididos em: 3º, 4º e 5º anos; (II) **professor titular na modalidade remota** em turma multisseriada com 21 alunos do 1º, 2º e 3º ano, e (III) assumindo uma turma multisseriada no **modelo presencial** no pós-pandemia com alunos do 1º, 2º e 3º ano com um total de 17 alunos.

Em cada etapa de vivências, que compreende aproximadamente um ano, é possível perceber diferentes estágios percorridos pelo autor desta obra que nos remete a muitos aprendizados, entre elas é possível perceber que na escola o trabalho do professor é muito mais que um elo entre o aluno e o mundo, este professor está aprendendo. Quando o professor iniciante entra em um colégio para lecionar, ele também está estudando, juntos com os alunos, e o corpo escolar inteiro, pois muito mais que saber alfabetizar, o professor tem que estar disposto a ouvir, aconselhar, dar ideias, e ter a humildade de dizer "eu não sei". A relação com o saber tem que ser entendida por um outro olhar, tem que ser um processor criador, de aprendizados, para assegurar o sujeito, o papel de autor de sua história, não se deixando as armadilhas da imposição e do superego imponha sobre si (SOARES, 2007).

4

PERCUSSOR DA PESQUISA

4.1 EDUCAÇÃO DO CAMPO

A educação no campo só passa a ser vista como tal, quando os movimentos sociais começam a se organizar e reivindicar por respeitos republicanos, e por direito de respeito às diferenças, Brasil (2006) frisa que a "educação do campo surge, pois, como a explicitação do respeito e valorização de milhares de brasileiros que se constituem como cidadãos em pleno gozo de seus direitos sociais".

Na constituição Brasileira, No Capítulo III – Da Educação, da Cultura e do. Desporto; na seção I da Educação, afirma:

> **Art.205.** "A educação, direito de todos e dever do Estado e da família, será promovida e incentivada com a colaboração da sociedade, visando ao pleno desenvolvimento da pessoa, seu preparo para o exercício da cidadania e de sua qualificação para o trabalho. (BRASIL, 1988, p. 58).

Portanto, podemos perceber que a educação é um direito garantido por lei para todos os Brasileiros, como afirma neste mesmo documento no artigo 206:

> **Art. 206.** O ensino será ministrado com base nos seguintes princípios: (EC n
>
> o 19/98 e nº 53/2006)
>
> I – Igualdade de condições para acesso e permanecia na Escola;
>
> II – Liberdade de aprender, ensinar, pesquisar e divulgar o pensamento, a arte e o saber;

> III – pluralidade de ideias e de concepções pedagógicas, e coexistência de instituições públicas e privadas de ensino; [...] (BRASIL, 1988, p. 58).

Ao se tratar de educação dos anos iniciais, é assegurado por lei na Constituição Federal de 1988, e prescrito no **artigo 208, incisos I, IV e VII**, no qual assegura "educação básica obrigatória e gratuita dos quatro aos 17 anos", "educação infantil, em creche e pré-escola, às crianças de até cinco anos de idade", e ainda assegura: "atendimento ao educando, em todas as etapas da educação básica, por meios de programas suplementar de material didático escolar, transporte, alimentação e assistência à saúde".

Nos documentos federais, que tratam de educação no nosso país, garante direitos iguais a todos os brasileiros, garantindo uma educação de qualidade, materiais didáticos, transporte e até alimentação, no entanto, quando olhamos para os campos do nosso Marajó, percebemos que essas garantias na maioria das vezes não atendem às necessidades de alguns povos, pois os materiais didáticos em sua maioria não são elaborados pelas diversidades de povos, culturas, e modos de vida dos brasileiros.

Assim, por intermédio de muitas lutas e movimentos, foi criada a educação do campo, que nasceu com o objetivo de atender esse público, com propostas de trazer para as salas de aulas campesinas, um currículo pensado na realidade do aluno, e que por meio de assuntos de seu cotidiano, o professor teria maior facilidade em explorar os conhecimentos prévios, e assim fazê-lo entender a matemática no cotidiano, as ciências trabalhando os animais que são de seu convívio, a educação campesina surge segundo Aquino (2020, p. 24):

> A história da Educação do Campo no Brasil surgiu entre as décadas de 1960 a 1970 partindo do crescimento da economia nacional e internacional, com esse crescimento foram surgindo vários movimentos que almejavam a transformação da estrutura da sociedade, assim também o comprometimento da igreja com as lutas sociais, neste mesmo período

> houve o crescimento dos movimentos e a difusão de experiências, que viam na educação um dos muitos instrumentos que viriam proporcionar uma maior conscientização política e social, e assim transformar a estrutura capitalista existente na sociedade.

A educação do campo sempre foi vista de forma discriminada pela sociedade brasileira, essa cultura enraizada da qual só quem poderia ter acesso à educação seriam os povos de elite, deixa um legado que é difícil até hoje de termos condições de ensino no campo que se assemelhe aos ensinos urbano, segundo Costa *et al.* (2021) essa negação foi construída sistematicamente, de maneira preconceituosa, baseada na educação urbana, sem metodologias que valorizassem a cultura local, que explorassem os modos de vida dos moradores do campo, tal prática poderia contribuir para que o aluno tivesse uma reflexão crítica a cerca de sua realidade.

O descaso do governo com a educação do campo gerou um retrocesso de aprendizagem, fazendo o professor explicar o assunto e o aluno não conseguir associar à sua realidade.

> Por muito tempo, a educação do campo não foi citada nos textos constitucionais, esse esquecimento resultou em uma educação urbana no campo, já que a mesma era produzida na cidade e levada apenas com o intuito de ser depositada no aluno do campo, pois as pessoas campesinas eram tidas como incapazes de produzir conhecimento, criando assim estereótipos, como por exemplo: matuto, atrasado, sem conhecimento e sem cultura. (COSTA *et al.*, 2021, p. 2).

Nesse contexto, a educação do campo historicamente é tachada com muitos adjetivos que não convém com a realidade, mas é inegável que já obtivemos avanço, através de muitas lutas de movimentos sociais, contudo ainda há muito a conquistar como afirma Aquino (2020) que "desde o início da luta pela implementação da educação do campo e para o campo, ainda hoje há muito preconceito com o tipo de ensino, com os alunos e com os profissionais que atuam nesse meio".

Portanto, a educação do campo precisa ser valorizada e implantada nos campos, principalmente de Cachoeira do Arari, com atividades voltadas à realidade do aluno, valorizando o professor e não simplesmente uma ideia engavetada. O campo precisa de valorização de sua gente, e isso se faz com educação efetiva e de qualidade.

4.2 ENSINO MULTISSERIADO

Falar em ensino multisseriado é sinônimo de falarmos de educação do campo. Esse tipo de ensino surge como alternativa para atender à população/alunos da zona rural, tendo como principal característica várias séries/anos estudando em uma única sala, na responsabilidade de um único professor. Mesmo com tantos avanços em várias esferas da sociedade, segue enraizado esse modelo de ensino nos interiores do Brasil. É possível entendermos esse modelo que perdura por anos na educação do campo quando estudamos obras de autores que já pesquisaram sobre o assunto, como Aquino (2020, p. 4), onde este diz:

> Mesmo com a mudança da denominação ainda hoje persistem traços da educação rural, como é o caso das classes multisseriadas. As salas de aula que ainda possuem o ensino multisseriado estão presentes sim nas práticas pedagógicas nas escolas do campo. Consiste em alunos de diversas séries com distorção de idades tendo aula com um único professor, que tem o papel de planejar e aplicar em sua prática conteúdos diferentes de ensino no único espaço. O docente passa a assumir diferentes funções, sentindo-se assim sobrecarregado.

Assim, é possível perceber ainda que estejam no esquecimento, há ainda hoje classe multisseriada que necessita de uma atenção mais humanizada por parte dos governantes, pois como relata Hage (2008, p. 7):

> Muitos professores e professoras do campo já organizam o seu trabalho pedagógico sob essa lógica

> da seriação, realizando a transferência mecânica de conteúdo, através da cópia ou da transcrição do quadro, fragmentando o espaço escolar em grupos, cantos ou fileiras seriadas, como se houvesse várias salas em uma, separadas por "paredes invisíveis"

Desse modo, com a desculpa de falta de mão de obra qualificada, ausência de prédio para o funcionamento, número de aluno reduzido, as turmas multisseriadas se mantêm nos campos do Brasil, como se fosse um favor que estivessem oferecendo àquelas pessoas que se mantêm nesses lugares em condições precárias, com prédios degradados, sem ventilação, sem banheiros. Há escolas que não contêm carteiras suficientes para todos os alunos, os quadros encontram-se sem condições de uso, às vezes ficam alocados em cima de carteiras. As escolas nem sempre possuem prédios próprios, funcionando em barracões de igreja e até em casa de professores (HAGE, 2008).

As dificuldades enfrentadas são diárias, e não somente de estrutura física de prédios, mas enfrentadas por alunos e principalmente por professores, como é o caso do transporte escolar. Existem alunos que para chegarem às escolas pegam diferentes transportes; como canoa, cavalo, ônibus, carroça. Há alunos que para chegarem à escola chegam a percorrer 12km e 8h diárias, enfrentando chuva, sol, vento e poeira (HAGE, 2008, p. 1).

Além de falta de transporte adequado, alimentação escolar, ambiente, e assistência pedagógica, o professor enfrenta grandes desafios para se adequar com o trabalho nas escolas. Na maioria das vezes, o docente é obrigado a aceitar essas condições, pois trata-se de funcionários temporários, que são indicados por políticos, e se submetem a repassarem uma educação tradicional, trabalhando sobre pressão por necessitar do trabalho como descreveu Hage (2008, p. 2):

> A pouca autonomia dos docentes em face das questões políticas que envolvem as forças conservadoras que constituem o poder local, também constitui um dos desafios da atuação

> dos docentes nas escolas do campo. A punição pelo fato dos professores não pertencerem ao grupo que lidera a gestão municipal vigente ou a indicação de docentes envolvendo parentesco ou compromissos assumidos com representantes do poder público municipal interferem de maneira desastrosa na dinâmica de lotação dos docentes efetuada grande rotatividade (mudança constante de escola), agravada pelas secretarias de educação, submetendo os professores a uma instabilidade no emprego, deixando os educadores e as escolas reféns de sujeitos e grupos que possuem o poder de mando nessas pequenas comunidades.

Isso mostra o descaso com a educação do campo, contribuindo para o baixo índice nas avaliações nacionais. O objetivo aqui não é provar a eficácia ou não do ensino multisseriado, mas mostrar a sua realidade presente e refletir sobre, pois esse modelo de ensino vem contribuindo por anos com a educação, como descreveu Ritter (2010), "as escolas multisseriadas têm assumido a responsabilidade quando a iniciação escolar de grande maioria dos sujeitos do campo, e por esse motivo é tão importante quanto qualquer outra instituição escolar localizada em outro contexto".

VIVÊNCIAS EM SALA DE AULA

Falar de experiência em sala de aula é sinônimo de falar da Escola de "Paulo", primeiro me orgulho muito em eternizar aqui esse relato que é de muita importância, pois estudei nessa escola, fiz todo o meu Ensino Fundamental, Séries Iniciais nela, então este é o motivo de me orgulhar de estar de volta como professor, o motivo de aceitar trabalhar nessa escola em primeiro momento não foi o amor, mas sim a necessidade, lembro-me que estudava na cidade de Soure (Marajó-PA) e morava em Icoaraci (distrito de Belém-PA), então ficava muito difícil a minha estadia durante os dois meses na cidade de Soure, como a escola estava com necessidade, e eu estava estudando na área, estava precisando de dinheiro, mas também de experiência, aceitei o convite, e enfrentei a realidade.

Figura 6 - Imagem do livro de frequência dos funcionários da Escola de Japuíra

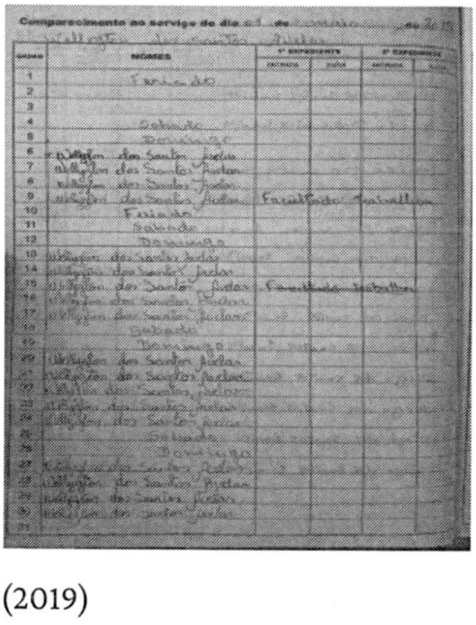

Fonte: acervo pessoal (2019)

Cheguei à escola e fui apresentado aos funcionários no dia 06/05/2019. Naquele dia, cheguei junto com a responsável da escola e naquela época só funcionava no turno da manhã. Todos ficaram me olhando e estava muito nervoso. Não sabia como os alunos iriam me receber, pois apesar de eu ser natural do lugar, estava muito tempo afastado, haja visto que passei alguns anos morando na capital do estado, no distrito de Icoaraci. Motivo este que levou todos os funcionários a ficarem incomodados com minha presença. Na época, a escola tinha 69 alunos divididos em duas salas; em uma sala ficava uma professora e uma auxiliar com as turmas do infantil II, III, 1º e 2º ano com 34 alunos. A professora titular era graduada em Pedagogia e a sua auxiliar era na época estudante de Pedagogia. Na outra sala ficava com 35 alunos do 3º, 4º e 5º ano, na responsabilidade de uma professora graduada em Pedagogia, Especialista em Psicopedagogia, Educação Especial e Inclusiva.

Neste contexto, percebemos como persiste ainda no campo situação que parecem comuns a olhos leigos, porém quando paramos para navegar em leitura, percebemos que estamos vivendo em realidades que já poderiam estar extinta quando nos deparamos com salas comportando alunos da educação infantil e 1º e 2º ano, apesar da Resolução nº 02/2008, definir no artigo 3º, parágrafo 2º "Em nenhuma hipótese serão agrupadas em uma mesma turma crianças de Educação Infantil com crianças do Ensino Fundamental" (BRASIL, 2008).

Foi nesse cenário que eu fui inserido no mundo da docência, nesse momento eu pude refletir nas palavras de Santos (2015):

> Assumir a função de professora é mais que ser uma simples tia. Requer cuidar e educar para a vida, para que cada educando possa construir sua história baseado nos valores morais e éticos, podendo assim, exercer a cidadania.

Naquela época, mesmo não sendo ainda o professor regente, contudo as crianças já me viam como tal, sendo assim eu precisava agir, como dialoga Santos (2015), em seu trabalho dizendo que: "Os educadores precisam ser exemplos de seres humanos amorosos, vivendo, na prática, a solidariedade, a aceitação do outro, o respeito às diferenças". Enfim, vivendo os valores dentro da sala de aula para que nossos alunos possam espelhar-se em nós.

Naquela ocasião, os funcionários eram outros, com algumas deferências dos já citados, mudou só uma professora e o responsável pelo transporte. Os professores não eram nenhum de nossa região; todos vinham de outras comunidades vizinhas por falta de profissionais que na época não existia no meu lugar. Me orgulho em registrar aqui que fui o primeiro a entrar na Universidade Federal do Pará (UFPA).

1º dia - depois que todos os funcionários chegaram à escola, a diretora fez uma pequena reunião na secretaria e me apresentou como novo integrante da equipe. Falou que "eu não sabia de nada, por nunca ter trabalhado antes em uma escola e que era para me ajudarem", essas palavras me deixaram bastante triste, pois apesar de nunca ter trabalhado como auxiliar, eu estava estudando e já tinha a teoria; não tinha experiência em escola (prática), mas tinha primos pequenos, os quais eu já ajudava em outros momentos. Decidi não contraria-la, mas decidi que daria o meu melhor para mudar aquela opinião. Foi então que fui apresentado especificamente à professora regente Srta. C.M como auxiliar da mesma.

Nas primeiras semanas, eu ficava só olhando o trabalho da professora, como ela conduzia a turma. Contudo, aquele posto me incomodava; comecei a pedir permissão para escrever no quadro, mas tive muitas dificuldades. Como eu não era acostumado, começava a escrever e quando chegava no fim do quadro as minhas letras estavam todas tortas. A professora percebeu meu constrangimento e começou a me ajudar. Ela trazia as aulas de sua casa e me encarregava de escrever no quadro; me separou com a turma do 3º ano ao fundo da sala e ficou trabalhando com o 4º e 5º ano.

Na outra metade da sala, a nossa sala tinha três quadros um para cada série (ano). A professora colocava o 3º ano de frente para a parede do fundo da sala, o 4° e 5° na maioria das vezes ficavam juntos, principalmente em aulas de geografia, ciências, história, mas quando era português, cada turma ficava de costa uma pra outra. Uma de frente para o quadro da parede que ficava ao lado da porta de entrada, um de frente para a porta da parede de lateral e uma de frente para a parede dos fundos.

Na segunda semana eu estava mais à vontade; já realizava a leitura daqueles alunos que tinham mais dificuldades, também fazia a leitura dos alunos do 3° ano. Praticamente já agia como um bom auxiliar, escrevia no quadro, conduzia leitura. Contudo, quando chegava a hora de explicar o assunto, chamava a professora para explicar, pois não dominava ainda a turma. Porém, a professora começou insistir para eu explicar e tomar conta do 3° ano, que já estava perdendo o medo. Minhas aulas preferidas eram de língua portuguesa, mas isso tudo ocorreu sem que a nossa pedagoga soubesse, pois a mesma visitava a escola semanalmente e tinha vezes que passava mais de uma semana sem ir à escola. Confesso que eu não sabia se existia esse tipo de trabalhador na escola. Enfim, quando ela chegou me proibiu de explicar o assunto, de fazer plano de aula, pois guardava os planos de aula da faculdade e comecei a aplicar já com a minha turma de 3° ano; isso tudo foi vetado.

Na semana seguinte a professora titular insistia para que eu contrariasse a pedagoga e ficasse responsável pelo 3° ano; afinal a turma era grande e eu precisava ajudar. Então dei continuidade aos trabalhos; eram dez alunos e a maioria não sabia ler. Tinha alguns que já liam, tinha outros que já silabavam e tinha dois alunos que não conheciam nem o alfabeto completo.

Um desses alunos, do sexo masculino, veio da cidade de Mosqueiro; seus pais eram separados e ele veio morar com sua tia. Era um aluno que não conseguia acompanhar o resto da turma, fazendo com que eu e a professora tivéssemos que fazer um trabalho diferenciado, pois ele não conseguia escrever do quadro e sua letra era ilegível.

A segunda aluna veio de uma escola ribeirinha; chegou à nossa escola também no 3° ano. Era uma aluna que não conhecia todo o alfabeto, não conhecia todos os números e não conseguia tirar do quadro; apresentava comportamento diferenciado dos demais alunos, não conseguindo se concentrar nas suas atividades e vivia brigando com os demais; já era uma menina que apresentava comportamentos de mulher, com vaidades. O fato de não saber ler a deixava constrangida e desinteressada pelos estudos.

5.1 ALUNOS E EU

Os alunos da sala na qual eu trabalhava estavam com certa rotina diariamente. Como a professora trabalhou bastante tempo sozinha com 35 alunos do 3° ao 5° ano, a mesma não estava dando conta de manter um ritmo. Acontecia que ficavam sempre alguns alunos sem fazer praticamente nada a manhã toda, pois tinha alunos resistentes à obediência, alunos de comportamento inadequado, por influência do próprio meio familiar em que viviam. A professora chegou a me relatar que já teria pego alunos portando revistas pornográficas na sala.

A partir do momento que eu fui inserido na escola, a professora concedeu-me a turma do 3° ano e ficou com o 4° e 5° ano. Nas próximas semanas os trabalhos começaram a ficar menos árduos e os alunos já não teriam mais todo o tempo disponível como antes. Eu chegava em sala, a professora me passava as orientações e começava a aplicar. Os alunos que gostavam de estudar me receberam muito bem; os demais que não davam importância aos estudos me viam como um inimigo. Certo dia, uma mãe foi à escola, chamou a professora e disse que queria falar comigo. Fiquei preocupado, sem saber o que havia acontecido. A diretora me chamou e fomos falar com a mãe, que me relatou o seguinte: "meu filho falou que você é muito chato, que fica dando muito trabalho a ele, que eles não podem nem conversar". Aí ela perguntou ao seu filho: "então tu ficas conversando em sala né?"

A mãe me parabenizou e falou que queria que eu fizesse material de apoio e que não me preocupasse, que ela iria dar o retorno em casa. Conversamos e ficou tudo bem; motivo que me fez assumir o 3º ano de vez. Claro que com as orientações da professora regente.

5.2 PRIMEIRO DIA, A SÓS COM A TURMA

O dia que me fez pensar se realmente eu tinha escolhido a profissão certa foi quando a professora regente precisou se ausentar da escola, indo ao médico em Belém e perguntou se eu dava conta e se queria ficar com a responsabilidade de toda turma por um dia. Eu recusei, mas ela insistiu falando que iria deixar as aulas todas prontas, que era só pra eu aplicar. Aceitei e no dia seguinte cheguei sozinho à escola. Fiz como a professora fazia: fiz a leitura e depois fui aplicar a aula, fui primeiro para o 3º ano, passei o conteúdo no quadro, depois foi para o 4º e 5º ano. Esses alunos eram complicados e acostumados com a professora falando grosso para eles se comportarem. Ao retornar para o 3º ano, continuei explorando um tema matemático que já tínhamos abordado. Durante as aulas, notei que os alunos do 4º e 5º ano, que já haviam participado dessas discussões anteriormente, se antecipavam com as respostas, mesmo com a proibição da professora anterior.

A aula não foi um sucesso, pelo contrário, foi um falatório; os alunos não me respeitaram. Não adiantou dialogar com eles e eu ansioso para dar logo o horário da saída para mandar aquelas crianças embora. Às vezes só damos conta de como é difícil o trabalho quando decidimos assumir a responsabilidade para si. Meu erro foi querer ser amigo dos alunos, ser o bom, carinhoso demais. Me arrependi das vezes em que a professora falava para eu me impor e eu a chamava para falar grosso e acalmar a turma, nas palavras de Santos (2015):

> Muitas vezes, a criança reflete na sala de aula o que vivencia em casa ou no bairro onde mora, isto é, violência doméstica, urbana e desrespeito morais e éticos. Nós educadores, ficamos com

> a responsabilidade de tentar contribuir para a formação do caráter desses alunos que, muitas vezes têm pais ausentes sem o cuidado e sem o carinho, a vida não tem sentido, e a chamada vida tende a se extinguir rapidamente.
>
> Portanto, o processo de ensino e aprendizagem precisa acontecer em um ambiente que proporcione criatividade, respeito mútuo, que trabalhe a autoestima e o prazer de estar adquirindo novos conhecimentos.

Ao longo dos meses fui me adaptando à rotina em sala de aula, depois já ficava a sós com os alunos do 3º ano e ganhei a confiança da pedagoga. No entanto, ela não permitia que eu fizesse relatório, nem preencher diário ou fichas dos alunos. Isso tudo ficava a cargo da professora titular. Tinha dias que a professora trocava, me colocava para ministrar aula para o 4º e 5º ano enquanto ela iria fazer o diagnóstico do 3º ano.

Trabalhar com alunos de 4º e 5º ano exige um conhecimento mais avançado do professor, pois a responsabilidade é elevada. Não que a responsabilidade do 3º ano seja menor, porém o professor tem que aprofundar mais nos assuntos, haja visto que este ingressará no médio no ano seguinte, séries finais, em que questões de interpretação de texto e a interdisciplinaridade lhes são mais exigidas. Em turmas multisseriadas é muito complicado trabalhar o lúdico. A sala de aula era pequena e superlotada, o que dificultava o movimento dos alunos. As carteiras estavam dispostas em fileiras indianas, limitando a interação entre os estudantes. A proposta pedagógica era bastante tradicional, priorizando o ensino de português e matemática. As demais disciplinas, como arte, ciências, história e geografia, eram negligenciadas, sendo abordadas de forma superficial e apenas em períodos próximos às avaliações.

Com a liberdade que a professora me deu, eu conseguia fazer aulas diferenciadas para os alunos de 3º ano trabalhando, por exemplo, o lixo escolar e conseguir envolver matemática, língua portuguesa e ciências. Porém, eu só podia trazer meus conhecimentos teóricos para a sala de aula quando eu estava só com os alunos e a professora, já que ela liberava a turma toda e eu acabava conseguindo envolver todos os alunos. Contudo, quando a pedagoga estava, eu tinha que me recolher para o posto de auxiliar, mas já explicava o assunto aos alunos na presença dela.

5.3 AS AVALIAÇÕES

As avaliações na escola eram feitas através de perguntas digitadas em papel A4, em que os alunos teriam que responder. Umas duas semanas antes a professora passava a revisão do assunto a ser trabalhado e era marcado o dia para cada disciplina. Eu participava da elaboração das provas, escolhíamos o assunto e depois digitávamos as prova e as imprimia. Esse processo de organização era feito na residência da professora, pois na escola não existia impressora; só eram fornecidas as folhas de papel. No dia da aplicação em sala, a professora levava as provas e explicava como seria, como resolver o que pedia e eu ficava em um canto da sala só observando os alunos. As vezes alguém pedia ajuda e eu esclarecia as dúvidas, sem ceder respostas.

Os alunos do 3º ano não faziam prova escrita, pois não lhes eram atribuídas notas. Existia um pequeno caderno no qual o professor tinha que registrar tudo sobre o aluno denominado de **"MATRIZES DE HABILIDADE DO 1º CICLO DA INFÂNCIA"**. Eu não podia dar o diagnóstico do aluno, mas pedi para a professora me explicar como funcionava e era muito trabalhoso: tinha que fazer acompanhamento dos alunos desde o primeiro semestre, tinha relatório individual e relatório por área de conhecimento.

Eu fiz algumas fichas, pois tinha consciência que iria ter que aprender, haja visto que, quando eu assumisse uma turma, teria que ter esses conhecimentos que não nos são explicados na faculdade, nos cursos de graduação. Eram dez alunos do 3º ano; fiz quatro fichas e a professora fez as outras seis. Enviamos para a Secretaria de Educação e voltou duas das quais eu fiz, pois apresentavam algumas rasuras. Nessa época já era janeiro de 2020 e eu já estava no campus de Soure da Ufpa. Só recebi a notícia da professora por celular. Ela refez as duas fichas e eu só me desculpei com ela.

É importante nos mostrarmos proativos, dispostos a aprender, mas temos que ter cuidado para não acharmos que já dominamos um campo que nunca percorremos e assim prejudicar o trabalho do outro. Porém, era importante para eu fazer, pois se dependesse da pedagoga e da universidade eu não iria aprender. Na faculdade você aprende como fazer plano de aula, como se comportar em sala, dar aula, ser um profissional etc. No entanto, não aprendemos, a preencher um diário, preencher uma ficha, por exemplo. Isso tudo eu iria ter que aprender na prática, se não tivesse me mostrado disposto a ajudar e a aprender.

5.4 DIA DAS MÃES

Quando eu fui apresentado na escola, depois daquela frase ("ele não sabe fazer nada"), algumas professoras perguntaram em tom de ironia: "ele sabe cortar E.V.A."?

Vi que eles estavam sem ideias para compor a decoração da festinha do Dia das Mães que se aproximava. Ao longo dos dias ajudei no que me pediam, cortava E.V.A., colava, mas resolvi fazer algo para compor a mesa. Fiquei pensando e observando o que estaria sendo feito; eles fizeram uma moldura em E.V.A, e colocaram em sacos de presente junto com um copo de vidro para doar às mães. Então, na penumbra do meu quarto, fiz a palavra **MAMÃE** em 3D com recurso próprio. A participação no processo de organização desse evento me trouxe muitos aprendizados, principalmente como manusear o E.V.A, pois quando iria fazer algo com esse material desenhava direto nas folhas, o que fazia com que o processo ficasse mais trabalhoso.

Eu observei que os professores trabalhavam com moldes e só tiravam a moldura da letra ou do desenho e depois cortavam.

Eles também não riscavam as letras com lápis ou caneta como eu fazia; eles marcavam com espeto de churrasco, o qual não deixava sujar o papel.

14/05/2019 foi o dia da festinha. Levei as letras que fiz, apresentei aos funcionários e todos adoraram, me elogiando e parabenizando pelo trabalho feito. Colocaram as letras em frente ao bolo, e o evento ocorreu. De início, a gestora e a pedagoga falaram, dando bom dia, agradecendo a presença das mães e alunos. Depois foi as professoras, em seguida as serventes e por último, eu. Fiquei um pouco sem saber o que falar, mas segui basicamente o ritmo dos colegas. Agradeci a Deus primeiramente por estar entre eles, depois a presença e a satisfação de compartilhar com eles aquele momento tão importante para todos que ali estavam presentes.

O evento iniciou e ao longo da manhã teve brincadeira com as mães como ovo na colher (consiste em percorrer um pequeno percurso com uma colher na boca com um ovo sem deixar cair. O ovo tem que ser cozido para não sujar o local). Houve também corrida no saco, a brincadeira na cadeira, quem estourava o balão e outras. A brincadeira se alternava entre aluno/aluno e mães/mães. Em seguida foi servido o lanche, com comidas típicas e regionais como vatapá, arroz com galinha, refrigerante e bolo. Essas experiências me fizeram refletir nas palavras de Santos (2015):

> A vida nos mostra que ao longo das vivências e experiências que temos grandes desafios. Sejam eles no âmbito profissional ou pessoal. Mostra ainda que cada experiência nos coloca frente a nova descoberta e conquista. E, acima de tudo, nos põe fortes para vivermos novos momentos, travar e vencer novas batalhas que nos levarão ao sucesso nesse espaço de tempo chamado de vida.

5.5 REUNIÃO COM OS PAIS

Reunião com os pais era sempre uma preocupação a parte. Os pais, na sua maioria, não são participativos no quesito auxiliar os seus filhos em casa, uma vez que a maioria só tem o **Ensino Fundamental incompleto**. Em todas as reuniões só apareciam as mães, e tinha dois pais que eram exemplo a ser seguido, já que criavam seus filhos sozinhos; eram participativos na escola e na casa.

A prefeitura ordena que façamos comemorações das datas comemorativas ditas "as mais importantes que são dia das mães, dia das crianças, festas juninas, desfile escolar e Natal", e quase nunca dá suporte para a escola. Em virtude desse e de mais alguns problemas que surgiam, a gestão escolar solicitava reuniões com os pais. A primeira reunião que eu participei foi tranquila e a pauta foi **"O DIA DAS CRIANÇAS"**. O motivo na verdade era para pedir ajuda aos pais para fazer uma pequena comemoração em alusão à festinha que se aproximava. Foi acordado que cada responsável iria contribuir com uma quantia **X** de dinheiro, e o que faltassem os professores cobriam. Depois teve mais uma reunião para fazer a comemoração das festas juninas, a qual seguimos o mesmo ritmo. Alguns pais não dão a coleta, outros falam que é perda de tempo, que os alunos deveriam estudar e tem alguns que ajudam e gostam que seus filhos tenham um momento de lazer e interação.

A reunião que teve mais embate foi para decidir sobre o desfile cívico, pois aqui no polo, o qual nossa escola pertence, havia um acordo de gestão passada que cada ano o desfile acontecia em uma escola diferente. No entanto, neste ano nossa escola tinha perdido o ensino médio e séries finais, o que acarretou a diminuição do quadro de funcionários. O que foi solicitado aos pais era que a nossa escola não iria mais sediar o desfile cívico deste dia em diante; que iriamos participar, mas não como organizadores. Houve muitas reclamações dos pais e alguns ficaram bastante chateados e não aceitaram. Falaram que se o desfile não acontecesse na nossa escola, os alunos não participariam.

Por fim, ficou acordado que os pais dariam suporte no que fosse preciso, na limpeza, organização etc. Fato que não se concretizou.

5.6 DIA DAS CRIANÇAS

O dia das crianças foi uma festinha menor, pois já estávamos pensando no encerramento que seria junto com a festa junina na escola. Nesta pequena comemoração não fizemos muitas coisas. Foi feito brinde de E.V.A. para as crianças, que iria junto com bombons. Para o lanche foi feito bolo com refrigerante e arroz com galinha. Houve brincadeira ao longa da manhã e socialização com pais e a comunidade escolar.

5.7 FESTAS JUNINAS

Nesse momento eu já estava à vontade na escola. Os colegas de trabalho já pediam sugestões sobre o que faríamos para esta comemoração; fizemos um arraial no lado de fora do quintal da escola, em um lugar de frente que era arborizado.

Ao longo da organização, coordenei junto à turma uma quadrinha onde chamamos todos os funcionários para participarem, mas só quem participou como dançarino fui eu e a professora da sala ao lado que era responsável pelas turmas do infantil II, III, 1º e 2º ano.

Para a organização, eu convidei um amigo que nos passou os passos da quadrilha e nós fomos ensaiando durante uma semana e meia; tinham passos de quadrilha e de carimbó que é a dança regional do nosso estado.

5.8 7 DE SETEMBRO

O desfile escolar foi o maior trabalho realizado na escola nesse ano. As preparações começaram no início de agosto, que é o período de voltas às aulas. Como a nossa escola iria ser a organizadora do evento, todas as escolas do polo Chipaiá viriam até a nossa instituição. E como já foi relatado neste documento, estávamos com números reduzidos de funcionários. Quando começaram os trabalhos, eu ainda estava estudando no campus de Soure, então não participei de alguns encontros, como a reunião com gestores e docentes para escolher o tema e subtemas do desfile cívico. A reunião foi na escola sede na Comunidade de Chipaiá, tendo como tema **ESCOLA E FAMÍLIA – CUIDAR, RESPONSABILIDADE DE TODOS.** A nossa escola ficou com o subtema *A importância da família no âmbito escolar.*

Houve várias outras escolhas as quais eu não participei, pois nesse período eu estudava julho e meados de agosto. Mas como em agosto as águas de nossos campos (campos alagados de cachoeira do Arari) já estão baixando, eu vinha para casa nos finais de semana e ajudava no que fosse possível, como confecções de cartaz etc.

Quando voltei, "entrei de férias da faculdade" e tive que correr atrás do tempo perdido. Chegando à escola, tinha que ir de manhã para as aulas e de tarde trabalhávamos nos preparativos do desfile. Chegou um momento em que tivemos que parar as aulas só para confecções de materiais. Eram muitas coisas que tínhamos que fazer, era uniforme de funcionários que tínhamos que organizar, de aluno, fazer os cartazes e muito mais.

A primeira atividade que trabalhei quando cheguei foi ajudar a fazer os chapéus dos guardas e portas bandeiras, mas as professoras estavam preocupadas com o nome da escola, como iriamos fazer. Eu que já tinha aproveitado a internet da universidade e pesquisado algumas coisas dei duas sugestões: a primeira era usar letras que aqui são muito usadas em barcos. Tem até um projeto chamado **"LETRAS QUE FLUTUAM"**, que é um projeto com abridores de letras da Amazônia, mais precisamente do Estado do Pará, o qual tem artista das cidades de Abaetetuba, Belém, Igarapé-Mirim, Marajó e outras cidades. Este tem o objetivo de valorizar o trabalho dos artistas conhecidos como "abridores de letras". Este projeto mapeia esses profissionais que fazem nomes nas embarcações, com um tipo de letra único e trabalhado.

A segunda opção era uma letra 3D revestida de pérola e colocada dentro de uma moldura, e esta opção foi a escolhida. Para esse trabalho eu fiz a primeira letra ensinando os demais professores e depois eles iriam ajudar fazer as outra, ou pelo menos adiantar a parte mais fáceis. Para isso eu fiz as letras de isopor, com aproximadamente 30 centímetros de altura. Fiz primeiro a letra **E**, de escola. Deixei a letra de lado e fui fazer a moldura; fiz também de isopor, revesti com E.V.A. branco e coloquei uma fita azul pelas colunas da moldura, e nos acabamentos dos E.V.A's. Coloquei as meias pérolas na cor branca e ao fundo era para colocar espelho. Como não tínhamos, coloquei papel laminado branco, mas não ficou bom. Troquei por outra cor que a escola tinha, que era uma rosa bem forte. Deixei a moldura de lado, voltei para a letra e enchi toda a sua superfície de meias pérolas, colando-as com cola de silicone e no perfil da letra eu revesti com tiras de papel CHAMEX A4. Depois de pronto, os professores observando e dando suas opiniões, ajudaram a confeccionar as outras letras restantes. Ficou um trabalho muito bom, porém algumas professoras reclamaram bastante, que dava muito trabalho.

Depois do grande trabalho que foi as letras, os cartazes, chapéus e outros ornamentos, percebi que a escola não tinha nem bandeira e nem estandarte, que eles desfilavam com a bandeira e o símbolo da prefeitura. Fiquei preocupado, pois como afirmou Santos (2009):

> A história nos mostra que desde os primórdios o homem cria objetos materiais, figuras ou até mesmo coisas abstratas para representar uma realidade. São símbolos que, muitas vezes, de modo tácito, são veemente cheios de significados. Por exemplo, o cristianismo é representado pela cruz, o judaísmo pela estrela de Davi, o islamismo pela lua quarto crescente, a vida pelo sol, a purificação pela água etc. Na verdade, esses sinais servem como orientadores figurativos de classe de pessoas cujo finalidade é fixar ideologias, valores, crenças, ensinamentos, sinais de comunicação, entre outros.

Assim, navegando nas palavras de Santos (2009), percebemos que os símbolos são importantes para identificar um povo e uma nação, e nas escolas não é diferente. Ter uma bandeira e um estandarte fazia-nos sentir representados e orgulhosos de fazer parte de uma escola ou grupo escolar, uma vez que a escola vinha com o tema Escola e Família logo representaria a nossa comunidade, as nossas origens e o prazer de fazer parte desta família que tentávamos juntar tudo no seio da educação.

Contudo, não é fácil criar uma bandeira e um estandarte. É preciso conhecer a sociedade onde residimos, pesquisar sobre a história da escola, sua função na comunidade e juntar tudo em um resumo capaz de nos representar para o público de fora, mas a maioria não busca conhecer seu lugar e valorizar a memória local (Santos 2009);

> Não é de admirar que, por inobservância dos preceitos, os brasileiros deixem de valorizar um bem representativo de sua pátria. Esse procedimento é insustentável, pois não assegura a preservação da história e dos costumes representados pelos símbolos nacionais.

Sendo assim, decidimos eu e a professora titular da turma provocar esse interesse nos alunos, primeiro a professora preparou uma aula sobre a escola, em formato de investigação, os alunos deveriam perguntar aos funcionários e eles responderiam um breve questionário, este também poderia ser estendida aos pais dos alunos e para as pessoas mais idosas da comunidade.

Depois de colhida as respostas dos alunos, percebemos que a maioria da população não conhece a história da escola, muito menos o significado do nome do próprio lugar onde vivem, pois este é o mesmo nome da escola.

Assim decidimos por conta própria investigar e chegamos à conclusão dos dados da escola, e fomos à busca dos significados na internet. Deste ponto, tomei a iniciativa de fazer um símbolo que representasse a nossa comunidade e ao mesmo tempo servisse para nos representar no desfile cívico que se aproximava.

Consultei vários modelos de bandeira e como já tinha feito trabalho sobre a minha comunidade no ensino médio, isso me ajudou muito na elaboração de mais esse desafio presente em minha vida. Pedi ajuda ao um amigo de escola que estudou comigo desde o Ensino Fundamental até o Ensino Médio. Juntos organizamos os significados e chegamos a um modelo de bandeira. Foi fácil fazer a bandeira, pois utilizamos as cores que fazem parte da bandeira do Município e faríamos essa junção de cores juntamente com o símbolo da comunidade que teria o significado da palavra "**JAPUÍRA**" (Pássaro raivoso, pois se separássemos a palavra **JAPUÍRA** ao meio ficava **JAP**Ú – que seria um pássaro encontrado facilmente em nossa localidade, de nome científico *Psarocolius decumanus,* Classe: Ave, Ordem: Passeriformes, Família: Icteridae, Alimentação: frutos e insetos.

> Característica: o macho mede de 46 a 48 cm de comprimento e a fêmea de 36 a 38 cm; pesando de 155 a 360g. Maior parte do corpo coberto de cor preta, com bico amarelo pálido e a parte de baixo da cauda amarelo vivo. A base é avermelhada. Sua íris possui um azul intenso e chamativo.

> Reprodução: formam colônia com ninhos grandes e compridos, com formato de bolsa em árvores isoladas em campos ou bordas de mata. Cada colônia tem um macho dominante, ele e seus subordinados trabalham para defender o território. (Fundação Jardim Zoológico de Brasília, 2020).

Assim, fizemos a bandeira e o estandarte da escola no aplicativo Photoshop. Depois de reproduzida a bandeira, mostrei aos funcionários e todos aceitaram, mas o estandarte não foi bem aceito. Ouvi a opinião dada pelos amigos, fizemos algumas modificações e ficou do gosto de todos que fazem parte da escola. A responsável da escola apresentou na Secretaria Municipal de Educação e depois mandou confeccionar. A bandeira foi reproduzia no pano e o estandarte eu levei para ser impresso na cidade de Soure. Abaixo segue a imagem da bandeira e do estandarte.

Figura 7 – Bandeira da Escola de Paulo

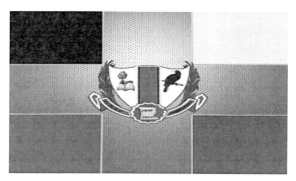

Fonte: acervo pessoal (2019)

Figura 8 – Estandarte da Escola de "Paulo"

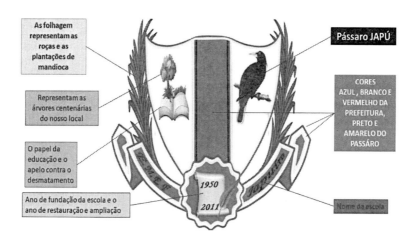

Fonte: acervo pessoal (2022)

    O estandarte e a bandeira foram apresentados ao público no desfile escolar.

5.9 NATAL

A festa de Natal na escola é sempre acompanhada com o encerramento das aulas do ano letivo. Em 2019, foi feito um amigo secreto entre alunos e funcionários e o encerramento que ocorreu em duas etapas.

A festa de encerramento é sempre pensada com muito carinho por todos, pois o clima de despedida fica cada vez mais forte à medida que se aproxima o fim do ano, dado que para nós, funcionários contratados, vai chegando ao fim do ciclo de prestação de serviço à prefeitura. Também para aqueles alunos que irão sair da escola, como seria o caso do 5°ano, e a incerteza se voltaremos a trabalhar ou não, se será ou não com as mesmas turmas etc. É momento de repensarmos sobre como foi nosso trabalho e fazer uma autoavaliação e até mesmo agradecer pela oportunidade.

Os professores estavam muito ocupados, pois é momento de entrega de diários, fichas de alunos e relatórios para a coordenadora pedagógica. E as professoras titulares estavam trabalhando nesse sentido, porém como sempre foi feito uma pequena reunião com funcionário, ficou acordado que todos iriamos fazer uma árvore de Natal que seria de copos descartável. Além disso, teríamos que fazer um brinde para os alunos, que foi eleito um copo de festa personalizado com as fotos dos alunos. Trabalhamos na árvore de Natal durante alguns dias e fizemos uma coleta com os pais para a compra dos copos e eu me encarreguei de fazer a arte com as fotos dos alunos para decorá-lo.

Para a realização deste trabalho recorri novamente ao meu amigo de infância e juntos criamos a arte que foi aprovada pelos funcionários. A responsável da escola me pediu para que levasse até Soure e lá foi impresso e recortado as imagens. Quando eu trouxe, falei como o funcionário da gráfica tinha me orientado, como proceder na hora de colocar no copo e as professoras fizeram o trabalho final, que depois foi colocado dentro de um saco de brinde para depois ser entregue aos alunos.

Para a nossa sala a professora sugeriu que fizéssemos algo separado para nossos alunos do 5°ano que iriam sair da escola. Ela propôs que fizéssemos uma árvore de natal, e colocássemos as fotos deles para que se sentissem homenageados por nós.

Assim foi feito um papai Noel em cartolinas, as fotos dos alunos que tínhamos batidos da turma inteira para fazer os brindes e as usamos para colocar dentro das bolas de Natal para colocar em nossa árvore. Para isso usamos o APP "Adobe Photoshop" e nele trabalhamos durante alguns dias até ficar um bom trabalho.

Segue abaixo imagem do trabalho em andamento.

Figura 9 – Preparativos para a Festa de Natal

Fonte: acervo pessoal (202)

Também foi feito um pequeno cenário com algumas casas abaixo das árvores, boneco de gelo e algumas caixas de presente. A árvore foi feita em duas cartolinas que foram anexadas para deixar a imagem maior. Fizemos também um painel quadrado todo de cano PVC que foi reaproveitado para que fizésse parte da nossa decoração da festinha de Natal junto com encerramento da escola.

Segue abaixo fotos desse dia:

Figura 10 – Festa de natal na Escola de "Paulo"

Fonte: acervo pessoal (2019)

No ano de 2020, não houve comemoração do Natal, mas em 2021, organizamos um Natal diferente para as nossas crianças. Como ainda nos encontrávamos em período pandêmicos, juntamos força, buscamos apoio e organizamos um Natal solidário. Saímos de casa em casa em nossa comunidade para presentear os alunos com um singelo brinde de Natal. Segue abaixo as lembranças desses momentos.

Figura 11 – Natal 2021

Fonte: acervo pessoal (2021)

5.10 ANO DE 2020: E O DESAFIO DAS AULAS REMOTAS NA PANDEMIA

No início do ano de 2020 voltei a trabalhar como auxiliar com alunos de 3º, 4º e 5º ano. Iniciamos o ano fazendo o diagnóstico da turma; os alunos do 4º e 5º anos já conhecíamos, mas os que chegaram ao 3º ano vieram da outra professora e encontravam-se com muitas dificuldades, principalmente relacionado à escrita. Então a professora sugeriu que eu ficasse com os alunos de 4º e 5º, enquanto que ela iria trabalhar com o 3º ano, porque eles precisavam ser alfabetizados. Eu já estava acostumado com os alunos do 3º ano, mas percebi que para trabalhar com 4º e 5º ano se exige mais um conhecimento por parte do professor: o mesmo tem que "aplicar assunto", principalmente para os alunos do 5º ano, pois estes provavelmente irão cursar um 6º ano.

Trabalhei com as turmas por aproximadamente duas semanas, e no dia 20/03/2020, sob as exigências do Ministério da Saúde (OMS), e das Autoridades Sanitárias do Município de Cachoeira do Arari, foi baixado o decreto Nº013/2020 que suspendeu as aulas presenciais da rede municipal de ensino, em decorrência da pandemia da Covid-19. E, a partir deste dia ficamos, sem frequentar as salas de aulas por aproximadamente quase um ano. No final do ano de 2020 começamos a trabalhar com as atividades remotas. Fizemos uma apostila com cinco áreas do conhecimento envolvendo língua portuguesa, matemática, história, geografia, ciências e arte, em que os pedagogos se reuniam e decidiam quais seriam os assuntos que deveríamos trabalhar e, a partir deste ponto, toda a elaboração do material seria de responsabilidade dos professores.

Depois dos cadernos prontos tínhamos que imprimir com recursos próprios e, depois de impresso, seria marcado uma reunião nas escolas, onde teríamos que repassar essa atividade aos pais, explicando como era que deveriam ser respondidos. Depois era marcado um dia para os pais devolverem as apostilas aos professores e assim o professor daria o parecer final.

Foi feita só uma atividade (um caderno de atividade para cada turma), esses cadernos foram feitos na escola sede do polo, e assim finalizou o ano letivo de 2020.

5.11 O ANO DE 2021

Neste ano, eu fui chamado para trabalhar como professor titular responsável pelas turmas de 1º, 2º e 3º ano, no entanto, ainda estávamos na pandemia da Covid-19, motivo que faria com que continuássemos trabalhando na modalidade remota. O ano letivo iniciou-se no dia 22/02 e nos dias de 22 a 25 foram encontros para apresentação de funcionários, pedagogos, reunião com os pais etc.

Neste ano a nossa escola ganhou mais professores; agora éramos três professores, mas ainda sim trabalhando na modalidade multissérie.

5.12 AS ELABORAÇÕES DAS ATIVIDADES

Para a elaboração das atividades não tivemos nenhum tipo de orientação ou formação. Só nos foi imposto que fizéssemos as atividades todas no Word. Os pedagogos se reuniram para fazer uma espécie de currículo, o qual vinha orientando quais seriam os assuntos a serem abordados por cada série (ano). Partindo deste princípio era nos dado um tempo X para elaboração dos cadernos de atividades. Cada professor deveria fazer para as turmas as quais lecionava. O caderno teria que conter as cinco áreas do conhecimento, sendo: Língua Portuguesa, Matemática, História, Geografia, Ciências e Arte. Depois de elaborado os cadernos, teríamos que enviar os mesmos prontos no Word para a pedagoga. A mesma teria que revisar se continha erros ortográficos, de digitação e se estava de acordo com as exigências da Secretaria de Educação.

Depois de enviado aos Pedagogos da Semed, eles teriam um tempo de aproximadamente de três a quatro dias para revisão.

Depois nos retornavam dando o seu aval. Teríamos que imprimir os cadernos e depois tiras as cópias de acordo com a quantidade dos alunos que tínhamos. Já com todos os cadernos impressos, dávamos seguimento à nossa modalidade remota, marcávamos reunião com todos os pais e responsáveis na escola para entrega dos cadernos. Os mesmos eram orientados pelos professores como auxiliar os seus filhos a desenvolver as atividades de cada disciplina. No caderno de atividades ia anexado o itinerário de orientação sobre devolutiva e as datas de plantões pedagógicos.

Os professores juntamente com a coordenadora pedagógica escolhiam um dia especifico da semana para realizar os plantões pedagógicos. Neste determinado dia, os professores ficavam disponíveis para tirar dúvidas e auxiliar os alunos com dificuldades em desenvolver suas atividades remotas. E para finalizar a entrega desses cadernos, tinha um termo de responsabilidade para os pais e responsáveis assinarem, no qual eles se comprometiam em levar esses cadernos, ajudar seus filhos a resolvê-los e entregá-los na data determinada, assim, se comprometendo a dar continuidade no ensino e aprendizagem de seus filhos, mesmo no período de Pandemia. Ao retorno desses cadernos, os professores tinham dois dias para fazer a correção, sempre fazendo observação sobre o desenvolvimento de cada aluno (a).

Em seguida, os professores tinham mais dois dias para fazer um relatório de cada aluno, descrevendo o desenvolvimento dos mesmos. Esses relatórios eram enviados para a coordenadora pedagógica que os encaminhava para a Secretária de Educação. Assim se tinha uma avaliação e um acompanhamento pedagógicos desses alunos.

No entanto, percebeu-se no que se refere à aprendizagem significativa não obtivemos êxito, haja visto que era perceptível que a maioria das atividades entregues pelos pais não eram feitas em sua totalidade pelos alunos, pois as atividades vinham perfeitas, com letras legível, onde nos livros de atividades dos alunos de 1º ano não apresentava nem falta de letra.

5.13 TRABALHO EXTRACLASSE

Também trabalhei neste ano de 2021, ajudando a responsável da escola em assuntos que ultrapassam os limites da sala de aula, pois acredito que ajudar as outras pessoas nos possibilitam ensinar e aprender ao mesmo tempo.

> Trabalhar de forma voluntária significa realizar atividades de interesse social sem receber remuneração em troca. A realização de tarefas desse tipo não está relacionada ao lucro, mas sim ao objetivo de ajudar alguém ou alguma comunidade. Assim, o trabalho voluntário é um exercício de cidadania e solidariedade, que pode ser usado para impulsionar mudanças sociais importantes.
>
> O voluntariado se organiza de maneira muito diversa em relação às atividades, aos locais de trabalho e à carga horária. Por isso, é possível se dedicar a ele de acordo com seus limites — uma pessoa pode dedicar um turno todos os dias, enquanto outras contribuem apenas um dia por semana, segundo suas possibilidades de horário. (FACULDADE UNYLEYA, 2021).

Eu ajudei a responsável da escolar a fazer o relatório geral do 1º semestre de 2021. Neste relatório contávamos tudo o que tinha ocorrido na escola. Relatou-se sobre os funcionários, como eles tinham se adaptado ao novo procedimento de limpeza devido à prevenção da Covid-19. Sobre as reuniões, se houve algumas "brigas" de funcionários, de pais, como tinha funcionado o trabalho na escola, presença e ausência de alunos e funcionários, total de alunos, se houve ou não evasão de alunos. Também falamos dos alunos e professores do fundamental, série inicial, que na nossa escola funciona do 1º ano ao 7º ano. Relatamos também dos cronogramas de elaborações de apostila, dos plantões pedagógicos, como funcionava e se houve algumas ocorrências ou não.

Por fim, falamos dos problemas relacionados ao prédio escolar, pedimos material de cozinha, de limpeza. Também melhoria nas salas, solicitamos quadro novos, carteiras novas, e por fim, a construção de uma ou duas salas novas para melhorar o funcionamento e o desenvolvimento do trabalho de toda a comunidade escolar.

Segue abaixo fotos do relatório feito por mim (quando digo feito por mim, é porque a responsável da escola tem dificuldade em trabalhar com alguma tecnologia, como trabalhar com computador, digitar texto no Word, enviar e-mail etc.

Figura 12 – Relatório da Escola

Foto: acervo pessoal (2021)

Também ajudei a responsável da escola a preparar a lista dos alunos para receber o kit de alimentação escolar, uma forma **de cesta básica que foi formada por produtos que pertenciam** à merenda dos alunos na escola. Mas como não havia aula presencial, esses produtos foram organizados em kits e entregues para cada aluno, pois nessa época a nossa cidade encontrava-se ainda em bandeiramento vermelho, que era o nível mais alto de alerta contra a Covid-19.

Neste período os alunos encontravam-se ausentes da escola, com as atividades remotas. Os kits chegaram à nossa escola no dia 22/06/2021 às 14h da tarde. No dia 23, a responsável chamou os professores e o conselho escolar para conferir o que tinha vindo da prefeitura. Depois deste dia, foi marcado o dia 24 para entregar aos pais e responsáveis dos alunos.

Neste dia estiveram presentes o conselho escolar e a responsável da escola para entrega.

A lista que eu ajudei a fazer era para de ter controle na hora da entrega dos kits de alimentação escolar aos pais e responsável. Nela continha os nomes dos alunos de um lado e de outro tinha os espaços em branco para colher assinatura dos responsáveis e pais de alunos.

Fiquei na escola trabalhando substituindo a responsável da instituição do dia 25/10/2021 à 25/11/2021, pois esta precisou ausentar-se por motivo de saúde. Neste período eu trabalhava de manhã e de tarde. Iria até à escola para levar o livro de frequência para os professores assinarem. Aproveitava e já resolvia algumas pendências que apareciam nas últimas horas. Mantive contato com a responsável por aplicativo de mensagens WhatsApp e ela me orientava como proceder, no dia a dia escolar.

Durante este período, além de colher a assinatura dos professores, fiz a lista de frequência dos funcionários, que é feita todos os finais de cada mês. Esta lista é baseada no caderno de frequência diária, pois é por meio dessa informação mensal que é feito o pagamento. Se tiver falta sem justificativa, a prefeitura desconta do salário dos funcionários.

No dia 12/11/2021, com auxílio da responsável da escola, fizemos a **PRÉ-MATRÍCULA** dos alunos da escola de 2022. Neste documento colocamos todos os alunos que vão estudar no ano seguinte, o número de alunos que vão sair e as possíveis ofertas de alunos do ano seguinte. As ofertas dependem do número de sala. Este documento é uma prévia da futura matrícula e nela temos que ter o máximo de cuidado para não escrever o nome de aluno errado, haja visto que isso dá uma ajuda muito grande no início do novo ano letivo.

Esse período que substitui a responsável da escola foi muito trabalhoso, porque já tinha que frequentar a escola de manhã e à tarde, mas foram dias de muito aprendizado, pois pude internalizar muitos conhecimentos que me ajudarão no futuro.

Nesses dias pude perceber também como dependemos da tecnologia, como ela nos auxilia e nos integra com o mundo, tornando o nosso trabalho muito mais interessante e dinâmico. Todavia, quem não domina esse conhecimento fica isolado, ou seja, as escolas do Brasil ainda precisam de uma atenção mais humanizada. A nossa gestora ainda faz um trabalho todo manual, que demanda tempo e dinheiro, pois a viagem da nossa comunidade até a sede do município Cachoeira do Arari é R$ 20,00 de ônibus e R$70,00 se for alugar uma moto. Para levar uma simples lista de frequência ou cópias de documento que pode muito bem ser escaneado e enviado por e-mail, a culpa fica na falta de conhecimento. Porém, a prefeitura poderia muito bem fazer uma palestra ou minicursos nos polos escolares para trazer esses conhecimentos até os gestores e professores.

Nos últimos dias de 2021 trabalhei de manhã na escola, e a tarde, por vezes nos finais de semana com preenchimentos de diários dos alunos do 1º, 2º e 3º ano. Como esses anos são um ciclo de aprendizagem, tenho apenas um diário que levarão informações dos alunos do 1º, 2º e 3º ano.

Também trabalhei na elaboração de preenchimento das fichas denominadas de matrizes de habilidades do primeiro ciclo da infância. É um pequeno livro no qual contém todo o desenvolvimento do aluno, informações detalhadas que dão o diagnóstico do ano letivo inteiro do discente. São 21 fichas com datas para serem entregue até o dia 20/12.

Figura 13 – Ficha e Diário de Classe

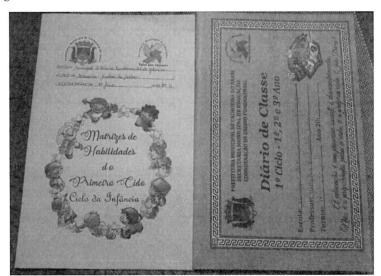

Fonte: acervo pessoal (2022)

Para finalizar o ano de 2021, ainda participei da **IV Conferência Municipal de Educação,** em Cachoeira do Arari - Marajó/Pará, com o lema "A retomada do Estado democrático de direito com Inclusão. Equidade e qualidade para todos (as), compromisso com a educação por toda a Cachoeira do Arari".

Foram dois dias de conferências discutindo o projeto de educação e os novos rumos da educação no Município de Cachoeira do Arari [...].

E nos últimos dias que antecederam o encerramento das aulas, por ainda estarmos respeitando o distanciamento social de prevenção à Covid-19, optamos por não fazer festa de encerramento. Ao longo das aulas que antecediam o fim do ano letivo de 2021, solicitamos aos alunos que escrevessem cartas pedindo ao Papai Noel o que eles queriam ganhar de presente. Assim foram redigidas diversas cartas a punho pelos próprios alunos e entregues para as suas professoras.

Sabe-se que o sonho de cada criança quando chegam as festas natalinas, o bilhete para o Papai Noel é o mais discutido e preferível por elas. Dessa forma, sugeriu-se trabalhar esse gênero textual – carta – para assim poder resgatar alguns sonhos descritos naquelas cartas que carregavam sonhos e imaginações daquelas crianças, que talvez nunca tenham tido a oportunidade de ter um brinquedo.

5.14 ENSINO E APRENDIZAGENS NA PANDEMIA

> Estamos vivendo um momento ímpar nas nossas vidas, com a chegada da misteriosa coronavírus, que causa a infecção COVID-19. Ele surgiu em 2019 na cidade de Wuhan na China, quando ocorreram muitas mudanças, que nos levou a adotarmos um novo estilo de vida, modificando nossa rotina diária, não permitindo estar em contato direto com outras pessoas, afetada como: saúde, segurança e não poderia ser diferente, na educação, as aulas foram canceladas e escolas fechadas. (SILVA E COSTA, 2021).

Diante disso, na educação não foi diferente, acostumado com o ensino presencial e sem tecnologia alguma, nos foi imposto o método de ensino remoto ou ERE[4]. Como tentativa de dar continuidade ao ano letivo, fazendo com que nossas crianças prosseguissem com as aulas e tendo acesso ao ensino, ao saber, à educação.

> Com isso instalou-se o medo, a incerteza, questionamento de como proceder com o ano letivo. O instante provocou muitas angústias, levando de modo abrupto, a classe trabalhadora e educacional para um novo processo, em que as salas de aulas receberam novo formato. Desse modo, persistiu no espaço educativo a dúvida de que maneira estimular e desenvolver a aprendizagem dos alunos, de acordo com o sistema educacional proposto.

---

[4] Ensino Remoto Emergencial.

> Nesse sentido, a busca por novas estratégias, foi algo recorrente, de modo que pudesse amenizar a situação em destaque. Os professores e os demais profissionais da educação estariam preparados para esse desafio? As famílias tinham estrutura para estar dando sua contribuição na aprendizagem de seus filhos, mediante esse novo formato de aula? (SILVA e COSTA, 2021).

Posto isto, ao falarmos em ensino remoto, hoje, nos vem à cabeça videoaulas, tecnologias criadas para o ensino e aprendizagem, inclusive usada nas universidades e nas escolas de educação infantil. Podemos citar, por exemplo: APPs que facilitam a comunicação entre aluno, professor com sistema e plataformas virtuais ligados às TICs como WhatsApp, Google sala de aula, Meet e outras plataformas digitais. No entanto, nossa escola é desassistida do quesito tecnológico, não tem computadores, muito menos internet. Trabalhamos com apostilas as quais, como já foi citado nesse documento, elaboradas e desenvolvidas pelo professor.

O que podemos concluir desse processo avaliativo, era que quase não houve progressão por parte dos alunos, muito menos interesse, pois os pais são na sua maioria pessoas que frequentaram somente o ensino fundamental incompleto, alegando que não conseguiam ajudar seus filhos. Mas quando era nos dias de plantões, não aparecia ninguém na escola para tirar dúvidas com o professor. Muitos alunos até passavam pela escola, porém não procuravam os professores.

Quando era dias de entrega ou recebimento de apostilas, havia pais que não apareciam, a gestora tinha que ficar ligando, indo atrás desses pais. As atividades que eram entregues aos professores vinham com rasuras, faltando páginas. Percebia-se que as atividades desenvolvidas não foram feitas pelo aluno, pois vinha com uma grafia totalmente diferente e inadequada para um aluno do 1º ano, por exemplo.

Mas também tinha aquelas famílias interessadas, que mandavam seus filhos para os plantões tirarem dúvidas e era quando percebíamos que, realmente, o aluno tinha vontade de desenvolver as atividades que se encontrava naquele caderno. Eu, por exemplo, tive aluno que suas apostilas vinham perfeitas, todas resolvidas, sem rasuras com grafias perfeitas. E nos meses de outubro, novembro e dezembro, quando voltou ao presencial, foram possíveis perceber que o diagnóstico dado ao mesmo aluno, no primeiro semestre de 2021, foi uma farsa, pois era aluno que vinham de outra professora, aluno do 1º ano, mas que durante esses quase dois meses de aula presencial percebi que o aluno nem consegue escrever seu nome, não conhece todo o alfabeto, nem os números de 0 a 10.

Isso são consequências drásticas da pandemia que tirou o aluno de sala de aula. Talvez não seja um caso isolado, mas de todo o Brasil, pelo menos nas escolas de interior do Marajó, onde os pais não tiveram condições financeiras de pagar um professor particular para auxiliar o desenvolvimento dos filhos.

Nesse sistema do ciclo da alfabetização, o aluno não pode ficar retido, e vai passando de ano sem que saiba resolver uma atividade do seu nível, torna o trabalho do professor da educação infantil desacreditado.

5.15 AS AULAS

No quesito aula, eram trabalhadas de modo tradicional em sua maioria, pois como era muitos alunos, e em sala multisseriada não tinha como envolver o lúdico na turma, as aulas funcionavam da seguinte forma:

Língua Portuguesa: era trabalhada na maioria das vezes com cópias do quadro, com livros didáticos, trabalhos de classe e extraclasse com materiais impressos. Eram trabalhadas lendas, histórias em quadrinhos, contos, conteúdos, histórias regionais e ditados de pequenos textos para avaliar a escrita dos alunos e, estudos sobre as obras do escritor marajoara Dalcídio Jurandir.

Matemática: era trabalhada com conteúdo de cópias do quadro e com materiais palpáveis, utilizando pequenos palitos para representar a quantidade e para a noção de adição e subtração. Materiais impressos de classe e extraclasse de conteúdos de composição e decomposição dos números, adição, subtração, multiplicação, divisão, números decimais, ordem crescente e decrescente.

História e Geografia: eram trabalhadas com materiais impressos confeccionadas pela professora para demonstrar aos alunos geograficamente a Cidade do Município com sua bandeira, sua cultura, seu hino e os interiores que compõe o Município de Cachoeira do Arari. Também era trabalhado ensino por investigação, que era atividades de pesquisas sobre a comunidade onde os alunos residem, resgatando a memória e a identidade local.

Ciência: era trabalhada com conteúdo em sua maioria das vezes por meio da cópia do quadro, também com materiais impressos para ter uma melhor representatividade dos assuntos, utilizava um pequeno esqueleto disponibilizado na escola para noção do corpo humano e livros didáticos.

Arte: eram feitos trabalhos de desenhos para a representação de cores quentes, cores frias e cores neutras. Materiais impressos com cerâmica marajoara, música marajoara e danças.

Nas series iniciais, a preocupação dos pedagogos é maior em relação às aulas de português. Mas para isso o professor precisa trabalhar aulas diferenciadas, pois ler não é uma atividade fácil, muito menos prazerosa, principalmente para um povo que não tem a cultura do letramento. Porém, é por intermédio desta que o aluno consegue ter sucesso nas matérias como matemática, história, geografia etc. Por isso se faz necessário trabalharmos a interdisciplinaridade em nossas aulas, e a licenciatura integrada chega para suprir essa necessidade, mas também precisamos de espaço e meios para realizar tal trabalho.

Aula de exposição é muito importante. Na matemática, por exemplo, fazer uma minifeira com produtos regionais na sala chamará muito mais a atenção dos alunos, pois eles verão sentido na matemática, que faz parte do nosso dia a dia. A física, conceitos básicos de química, mas para isso precisamos ter mais investimentos e apoio da Secretaria da Educação, e não precisa muito, só a disponibilidade do ônibus escolar por um dia para levar nossos alunos para conhecerem os prédios históricos da cidade, as histórias que fazem parte da nossa cultua, os nomes das ruas que são de personalidades que contribuíram com a política, história e a economia do nosso lugar. Além disso, nas visitas estaríamos trabalhando a licenciatura integrada em si, envolvendo língua portuguesa, matemática (salário), questões sociais, política etc.

Em uma aula passeio é possível desenvolver uma semana de atividade em sala de aula. Só precisamos de oportunidade para colocarmos em prática o que aprendemos. Todavia, podemos também em momento de pandemia nos adequar com o que temos. Hoje existe sites e aplicativos em que você consegue visitar um museu virtualmente, basta ter um aparelho celular e internet. Também é possível projetar os astros dos universos como, por exemplo, o **Sky MapN**. Este é um APP como se fosse uma espécie de planetário de realidade aumentada, capaz de mostrar e fazer buscas por planeta e estrelas, excelente para trabalhar a astronomia na escola.

ÚLTIMAS PALAVRAS

Portanto, aqui, nesta pesquisa, relatei minhas experiências em turmas multisseriadas. Agradeço a professora titular Cilene Beltrão Maués, pelo apoio, confiança e acima de tudo por ter me repassado um pouco de seu conhecimento, mesmo indiretamente.

Quando cheguei à escola vim todo cheio de ideias, querendo aplicar meus conhecimentos, mas vi que trabalhar na educação vai muito além das boas intenções de um professor, principalmente quando você trabalha como contratado em uma rede municipal, a educação depende muito mais que um professor, alunos e família. Tem que ter apoio pedagógico, psicológico, financeiro, político e familiar.

Na escola onde trabalho, gostaria que melhorasse muitas coisas, que vão desde o banheiro até a limpeza dos quintais, mas o que acho mais de necessidade seria a construção de pelo menos mais duas salas e a contratação de mais professores, para acabar com esse sistema de ensino multisseriado, pois acredito que este sistema de ensino torna o trabalho do professor muito árduo e a educação sofre com isso.

Gostaria que nas salas de aulas tivessem quadros novos, todavia o que tem estão em péssimas qualidades. A escola necessita de carteiras novas, de apoio psicológico, de apoio especializado, porque tem alguns alunos que tem dificuldades de aprendizados que necessitam de um olhar mais técnico.

Meus alunos do 1° ano eram bem participativos, faltavam pouco, já os alunos do 2° ano mais da metade não frequentavam a escola, por motivos familiares. As famílias deste lugar não têm a cultura da educação. Gostaria muito que acontecesse alguma palestra com um professor universitário para falar e mostrar-lhes a importância da educação, os benefícios de incentivar os alunos, dar a contribuição em casa como: ensinar a leitura, ajudar nas atividades que seus filhos levam para casa e a importância dos momentos de interação com a participação deles na escola.

Quanto ao meu trabalho, preciso melhorar muito. Porque trabalhar com criança exige saber fazer brincadeira, musicalização. Isso nem é em sala de aula, mas quando há as festinhas na escola, é fato que preciso ter contato com escola diferente, para assim conhecer na prática os diferentes métodos de ensino e aprendizagem. Creio que isso se efetuará nos demais estágios que virão. Contudo, sinto-me por ora satisfeito com os trabalhos realizados, porém sei que preciso e estou disposto a navegar pelo mundo da docência e me aprofundar em novas experiências.

Quanto à iniciação à docência, é de suma importância o contato com a sala de aula para quem realmente deseja ingressar na atividade docente. Nos escritos acima, relato falta de experiência e mais oportunidade. Hoje, graças a Deus, tive oportunidade de dar continuidade ao meu trabalho e já me considero com muita mais capacidade do que há dois anos. Mas para isso exige reflexão acerca do trabalho, o qual eu venho desenvolvendo, buscar por conhecimento e disponibilidade diariamente para fazer mais, e não somente ficar jogando a culpa para as classes multisseriadas, mas sim, se aliar a esse modelo de ensino e buscar tirar proveito como relatou Ritter (2010, p. 14):

> O professor consciente de seu papel ao sentir-se como um ser em formação, um aprendiz, faz de sua sala de aula um ambiente acolhedor e participativo, em que o aluno não se sente inibido em questionar, nem o professor em dizer que também está aprendendo com os alunos. É essa troca de saberes que enobrece o relacionamento afetivo, porque cresce a confiança e o respeito mútuo. O aluno se sente valorizado e detentor de saber.

Por fim deixo aqui um poema em homenagem ao lugar onde nasci e cresci, e amo muito!

HOMENAGEM A JAPUÍRA

AMO A NATUREZA
POR QUE TEM TANTA MARAVILHA
EU NASCI E ME CRIEI
NA COMUNIDADE DE JAPUÍRA
II
COMUNIDADE PACATA
DE UM POVO MARCADO
PELA TRISTE HISTÓRIA
DO TEMPO PASSADO
III
HISTÓRIA DE DOR
GUARDADA EM SEGREDO
POVO INDÍGNA
E TAMBÉM DO POVO NEGRO
IV
HOJE EXISTEM OS VESTÍGIOS
PARA A HISTÓRIA RELEMBRAR
TANTO DO ÍNDIO, COMO DO NEGRO
SÓ NOS RESTA PREZEVAR
V
HOJE EU ESTOU ESTUDANDO
ADQUIRINDO CONHECIMENTO
ESTUDAR A MINHA COMUNIDADE
É O MEU PRESENTE ARGUMENTO

IV
QUERO CONTAR TODA HISTÓRIA
PARA QUALQUER ESTUDIOSO
JAPUÍRA SIGUINIFICA
PÁSSARO RAIVOSO.
(Poema de Wellygton Avelar, 2014).

REFERÊNCIAS

AQUINO, M. F. P. **Vivências formativas durante o tempo comunidade: o movimento de formar-se professora na Licenciatura em Educação do Campo da Unifesspa**. Marabá: [*s. n.*], 2020.

BARBOSA. Costa, Raquel; MEIRELES. Martins, Mariana. **Protagonismo Docente, acervo experiência e a construção de uma obra pedagógica no contexto das turmas multisseriadas.** III Congresso Internacional, V Congresso Nacional, 25 a 28 de agosto de 2021.

BRASIL. **Constituição Federativa do Brasil**: Texto constitucional promulgado em 5 de outubro de 1988, com as alterações adotadas pelas Emendas Constitucionais nº 1/92 a 71/2012 e pelas emendas Constitucionais de revisão n

º 1 a 6/94. Brasília: Senado Federal, subsecretaria de Edições técnicas, 2013. 87 p.

BRASIL/MEC. **Conselho Escolar e a educação do campo**. Elaboração Regina Vinhaes Gracindo *et al.* Brasília: Ministério da Educação; Secretaria de Educação Básica, 2006.

CONSELHO ESCOLAR. **Ata de eleição e posse da nova diretoria do conselho Escolar da Escola Municipal de Ensino Fundamental de Japuíra**. Município de Cachoeira do Arari. Biênio 2019/2021.

COSTA, G. V. M. *et al.* **Ser professor campesino em sala multisseriada: um relato de experiência do ensino remoto emergencial.** IV CENTEDI, edição digital 10, 11 e 12 de novembro de 2021.

DARSIE, M. M. P. Perspectivas Epistemológicas e suas Implicações no Processo de Ensino e de Aprendizagem. **Uniciências**, Cuiabá, v. 3, p. 9-21, 1999.

DESIGN, Brasil, letras que flutuam, projeto de design que mapeiam os artistas que abrem letras nos barcos da Amazônia. Disponível em: https://www.letrasqflutuam.com.br. Acesso em: 22 nov. 2021.

GIL, Antônio Carlos. **Como elaborar projetos de pesquisa**. 4. ed. São Paulo: Atlas, 2002.

GIUSTA, A. da S. Concepções de Aprendizagem e Práticas Pedagógicas. **Educ. Rev.**, Belo Horizonte, v. 1, p. 24-31, 1985.

HAGE, M. A. S. A **Multissérie em pauta: para transgredir o Paradigma Seriado nas Escolas do Campo**. 12 de agosto de 2008. Disponível em: Faced.ufba.br. Acesso em: 17 set. 2022.

IBGE. Cachoeira do Arari. Disponível em: https://cidades.ibge.gov.br/brasil/pa/cachoeira-do-arari/historico. Acesso em: 14 nov. 2022.

Imagem do mapa de Cachoeira do Arari em relação ao estado do Pará. Disponível em: https://.ibge.gov.br/cidades-eestados/pa/cachoeira-do-arari.html. Acesso em: 22 set. 2022.

JAPÚ. GDF - Governo do Distrito Federal. Disponível em: https://www.zoo.df.gov.br/japu/. Acesso em: 24 nov. 2021.

LIMA, A. M. M. de; OLIVEIRA, L. L. de; FONTINHAS, R. L.; LIMA, R. J. da S. Ilha do Marajó: revisão histórica, hidroclimatologia, bacias hidrográficas e propostas de gestão. **Holos Environment**, [*s. l.*], v. 5, n. 1, p. 65-80, 2005. DOI: 10.14295/holos.v5i1.331. Disponível em: https://www.cea-unesp.org.br/holos/article/view/331. Acesso em: 14 nov. 2022.

LAKATOS, Eva Maria. **Fundamentos de metodologia científica**. 5. ed. São Paulo: Atlas, 2003.

NEVES, A. R; DAMINI, F. M. Vygotsky a as teorias da aprendizagem. **UNIrevista**, v. 1, n. 2, abr. 2006.

RITTER, N. H. G. **Os Desafios da Integralização dos Conhecimentos em Turmas Multisseriadas na Zona Rural**. Três cachoeiras. 2010.

SANTOS, E. P. **Dificuldades de Aprendizagem nas Séries Iniciais do Ensino Fundamental**. Trabalho de conclusão de curso (Graduação em Pedagogia) – Faculdade de Educação, Universidade de Brasília, Brasília, 2015.

SANTOS, R. S. **O Resgate do civismo com a valorização dos símbolos nacionais: uma contribuição para a sustentabilidade cultural**. Monografia (Especialização) – Centro de excelência em Turismo, Universidade de Brasília, Brasília, 2009.

SECRETARIA DE TURISMO. Polo Marajó. Disponível em: http://setur. pa.gov.br/polo-marajo. Acesso em: 15 nov. 2022.

SILVA, A. E.; COSTA, F. A. Coordenação pedagógica na educação infantil: reflexões no contexto das aulas remotas. **Revista Faculdade Famen**, v. *2, n.* 2, p. 118-127, 2001. https://doi.org/10.36470/famen.2021.r2a23.

SILVA, l. F.; CONTIJO, A. J.; MARQUES, R. S.; MELO, A. K. **Estágio supervisionado em docência nos anos iniciais do ensino fundamental do curso de Pedagogia: nossas primeiras experiências**. Anais da VI Semana De Integração Inhumas: UEG, 2017. p. 829-840.

SOARES, R. S. **Cidadania na formação do professor: desvelando sentidos e finalidades da prática educativa**. SciElo Books. EDUFBA. 2007. p 179-198. Disponível em: http://books.scielo.org/id/f5jk5/12 Acesso em: 27 set. 2022.

SOUSA, A. J. **A iniciação a docência do licenciando em física e suas contribuições para o processo de formação docente**. Centro de Ciências Exatas, Departamento de Física, Universidade Federal do Espírito Santo (UFES), Vitória, 2016.

SOUZA, C. E. A arte de contar e trocar experiências: reflexões teórico--metodológicas sobre história de vida em formação. **Revista Educação em Questão**, Natal, v. 25, n.11, p. 22-39, jan./abr. 2006.

UNYLEYA Faculdade. **Entenda a relação entre trabalho voluntário e carreira profissional.** Disponível em: https://blog.unyleya.edu.br/insights-confiaveis/entenda-a-relacao-entre-trabalho-voluntario-e-carreira-profissional/. Acesso em: 5 dez. 2021.

VIEIRA, José Guilherme Silva. **Metodologia de pesquisa científica na prática** / José Guilherme Silva Vieira. Curitiba: Editora Fael, 2010.